董致麟 著

從一帶一路戰略發展看澳門在兩岸關係的新機遇

本書是澳門理工學院資助項目的成果

（項目編號：RP/ESAP-01/2017）

Contents

第一章

澳門在未來兩岸關係中扮演的角色

第一節　一帶一路的發展情形

一帶一路是中國國家主席習近平於2013年出訪哈薩克時，在納紮爾巴耶夫大學作演講時以及在出訪印尼時所提出的，[1]並由中國國務院總理李克強在外訪亞洲和歐洲時作進一步推廣的區域經濟合作戰略[2]，「一帶」是「絲綢之路經濟帶」，「一路」則是「21世紀海上絲綢之路」，而一帶一路便是簡稱。其核心內容包括政策溝通、道路聯通、貿易暢通、貨幣流通和民心相通。[3]

由於澳門地處中國南海之濱，有非常優越的區域優勢，屬「絲綢之路經濟帶」，在其自身旅遊業迅速發展的同時，還將對一帶一路旅遊合作起到重要的作用。北京希望澳門特別行政區能夠發揮其獨特優勢作用，將一帶一路歷史文化遺產與旅遊合作相結合；利用澳門中葡平台優勢，加強與一帶一路沿線的葡語國家的旅遊合作，積極發揮連接中國與各個

1　王義桅，《一帶一路，機遇與挑戰》（北京：人民出版社，2015年），頁7。
2　〈一帶一路〉，《維基百科》，https://zh.wikipedia.org/wiki/%E4%B8%80%E5%B8%A6%E4%B8%80%E8%B7%AF#.E6.8F.90.E5.87.BA。
3　何振芩，何磊，〈「一帶一路」戰略中澳門發展的機遇、優勢與路徑〉，《國際經濟合作》，第10期，2016年，頁83。

葡語國家之間的平台、鍊結和橋樑作用；發揮粵港澳區域旅遊一體化優勢，打造海上絲綢之路旅遊核心區，積極參與和助力一帶一路戰略的建設。[4]

北京在「十三五[5]」規劃強調支持澳門建設「中國與葡語國家商貿合作服務平台」、並指出該必須發揮澳門獨特的優勢，提升澳門在中國經濟發展和對外開放中的地位和功能。發揮澳門在中國與葡語國家經貿合作中的鍊結、橋樑作用，成為有獨特價值的平台。連接中國與葡語國家，為政府、組織、企業之間各層級的互動提供便利和良性刺激，以促進中國與葡語國家之間的商貿合作。其次，建設「世界旅遊休閒中心」是澳門最為重視的轉型發展的方針之一。澳門政府在2016年發表的《澳門特別行政區五年發展規劃（2016年－2020年）》[6]亦強調「一個中心」為基礎，全力打造真正名副其實的旅遊休閒城市。將重心放置打造「文化澳門」的新形象，文化是城市的軟實力，體現城市的精神和靈魂，日益成

4　博言，〈本澳配合「一帶一路」戰略利於經濟適度多元發展〉，《新華澳報》，http://waou.com.mo/detail.asp?id=86632。

5　〈中共中央十三五規劃建議全文〉，《鳳凰資訊》，2015年11月3日，http://news.ifeng.com/a/20151103/46094489_0.shtml。

6　〈澳門特別行政區五年發展規劃（2016年－2020年）〉，《澳門特別行政區政府》，2019年6月，https://www.cccmtl.gov.mo/files/plano_quinquenal_cn.pdf。

為城市綜合競爭力的重要因素。基於澳門擁有中國文化為主流、中西文化交融的優勢，提升澳門文化軟實力，展現澳門文化獨特魅力。再加之配合改善軟硬體基礎設施，全面提升澳門旅遊服務素質。最後，受世界博彩合法化的大趨勢和澳門開放博彩業專營權帶來的巨大收益的影響，澳門周邊國家或地區陸續開放博彩旅遊業。[7]而澳門理應運用自身多年發展博彩業的經驗和技術吸引這些希望借鑒澳門經驗的國家，將澳門的人才派駐在這些地方去幫助發展。藉此，澳門可以成為亞洲各國發展博彩產業的新標竿。並相輔相成地促進博彩業與旅遊業的協調發展，共同進步。

澳門雖然位於海上絲綢之路之上，且擁有地理優勢，北京又對澳門有很多的期許，而澳門特區政府亦充分配合中國戰略的發展。可是，就澳門現時在各方面的現況，澳門是否能夠有效作為中國與葡語國家的溝通橋樑？是否真的能滿足和帶動鄰近地區的發展？是否足夠配合一帶一路戰略的步伐和需求？對於追求適度多元經濟發展和世界休閒中心的定位中，一帶一路又是否真的能為澳門尋求新的出路呢？

---

7 劉京蓮，〈澳門博彩旅遊業未來的出路〉，《「一國兩制」研究》，第1期（總第27期），2016年，http://www.ipm.edu.mo/cntfiles/upload/docs/research/common/1country_2systems/2016_1/16.pdf。

第二節　為什麼是澳門

2016年台灣大選迄今，由於民進黨至今仍未承認「九二共識」，海峽兩岸關係將何去何從也間接影響澳台兩地的政治及經濟互動。澳門回歸後，涉台問題均由澳門特區根據基本法和當地法律法規自行處理。而這個特殊性也保持其在兩岸關係發展中的樞紐地位，一帶一路[8]戰略的是大陸經濟應對全球挑戰的戰略措施，也是大陸台商和台灣經濟謀求進一步發展的重要機會。依目前的情勢來看，在民進黨蔡英文上台執政後，兩岸關係的低迷而導致影響台商的發展契機，兩岸關係在蔡英文執政的期間並無緩和的跡象，然而兩岸關係的和平發展以及台灣民眾的利益不可停滯不前。近日在香港所發生的抗議事件導致香港政局的不穩，澳門穩定的政治局勢所凸顯的特殊性就更為重要。

---

[8] 「一帶一路」是指「絲綢之路經濟帶」和「廿一世紀海上絲綢之路」的簡稱，為一個跨國性的區域合作平台。該計劃並非是一個實體和機制，而是合作發展的理念和倡議。目前約有60個國家和國際組織響應，主要遍布亞洲、歐洲及非洲，參與國家總人口為44億，經濟總量約21萬億美元，分別占全世界的63%和29%。《維基百科》，https://zh.wikipedia.org/zh-hk/絲綢之路經濟帶和21世紀海上絲綢之路、《智庫百科》，http://wiki.mbalib.com/zh-tw/一帶一路。

澳門由於政治局勢相較穩定，在兩岸四地中並未出現如香港目前的複雜認同因素，在華人世界也沒有如新加坡的國際色彩，因此，若兩岸溝通管道中斷，確實可扮演中介管道角色，提供交換意見與傳遞訊息的功能。而澳門在一帶一路的中國戰略發展方針下，確實可以作為台灣加入一帶一路的平台，從而深化兩岸關係的和平發展。

第三節　澳門有什麼特殊

有鑑於澳門在兩岸關係中的特殊地位，以及澳門本身所具有的條件可扮演起兩岸間的中介、平台角色，因此，本書探討下列數點。

壹、澳門做為台灣加入一帶一路的中介角色

澳台未來的合作發展空有多大？澳門要扮演一定角色的意願和條件仍在。關鍵在兩岸，是否希望讓澳門在兩岸關係中發揮一些左右。或許澳門可扮演兩岸中介角色，但問題在於澳門是否有意願承載如此任務，畢竟澳門向來少針對兩岸事務發聲，且介入亦需了解相關事務之專家。同樣在一帶一路上，澳門也應有機會採取更積極態度，但與運輸及航運業務相關的人才能否有效補充，也必須考慮。

貳、澳門藉世界旅遊休閒中心的地位與台灣共享旅遊業的合作

雖然世界旅遊休閒中心的內涵尚不十分清晰，但既然論及世界級，必然就要達到一定的國際化水平。受自然條件和

經濟規模總量的限制，澳門並不是、也較少有可能成為一個具有廣泛影響力的綜合性國際都市。近十年澳門的人力資源需求一直居高不下，缺口很大，儘管如此，本地居民的就業質量卻並不十分理想，存在結構不合理的問題。主要原因在於澳門的高等教育起步較晚，學科門類有限，許多專業性人才無法本地培養，不得不高度依賴人才引進。僅從幾家博企的員工構成來看，中高層管理人員和技術人員幾乎都是以輸入性人才為主。為了建設世界旅遊休閒中心，澳門勢必會涉入一些新領域、新項目，多元的發展對人才需求也會趨於多樣化，人才不足對澳門的掣肘在未來將更為嚴重。

參、澳門扮演中葡國家的平台角色

未來澳門可以在世界旅遊休閒中心和與葡語國家聯繫平台上進一步發揮。十一五規劃中澳門兩個目標就是成為世界旅遊休閒中心和葡語國家商貿交流合作的服務平台，到十二五規劃延續了這個提法，但是成效依然有限。在一帶一路背景下，特別是海上絲綢之路經濟帶中，澳門可以利用地理上的區位優勢和社會穩定的優勢，即處於東亞大陸東北海岸和東南海岸的重點地位，成為大陸赴海外海上旅遊的起點，以及亞太海上旅遊的關鍵節點，由此引領東亞區域海上旅遊板塊的發展，並且也可以向大陸輸出旅遊產業，提升大陸旅遊服務業品質。

第二章

梳理一帶一路議題的研究

第一節　一帶一路提出的相關討論

2013年，中國國家主席習近平在出訪中亞和東南亞國家期間，先後提出共建「絲綢之路經濟帶」和「21世紀海上絲綢之路」〔簡稱一帶一路〕的重大倡議，得到國際社會高度關注。同年，中國國家主席習近平訪問哈薩克斯坦，在哈薩克斯坦納扎爾巴耶夫大學發表了題為《弘揚人民友誼，共創美好未來》重要演講。在演講中，習近平指出：「為了使我們歐亞各國經濟聯繫更加緊密，相互合作更加深入，發展空間更加廣闊，我們可以用創新的合作模式共同建設，絲綢之路經濟帶。這是一項造福沿途各國人民的大事業。」由此，中國建設「絲綢之路經濟帶」的戰略構想首次被提出。[1]

以2015年3月28日聯合發佈的《推動共建絲綢之路經濟帶和21世紀海上絲綢之路的願景與行動》提及共建一帶一路旨在促進經濟要素有序自由流動、資源高效配置和市場深度融合，推動沿線各國實現經濟政策協調，開展更大範圍、更高水平、更深層次的區域合作，共同打造開放、包容、均衡、

---

[1] 王義桅，《「一帶一路」機遇與挑戰》（北京：人民出版社，2015年），頁15。

普惠的區域經濟合作架構。[2]而這項中國政府所制定的國家發展戰略價值在於為中國提供了全方位開放機遇。豐富了對外開放政策的內涵，從政策上為對外開放的全方位發展提供指導，激發了全方位開放中的機遇。豐富了中國對外開放的佈局，特別是在地域上為中國西部和南部的對外開放提供了新的機遇。也為東部沿海地區提供了產業轉型升級的機遇。從經濟發展相配套的基礎產業、基礎設施建設、相關政策協調性的相對不足等突出問題入手，打造協調發展的對外開放態勢。[3]因此一帶一路倡議所推動的是一種包容性全球化，其倡導的合作理念及願景目標，成為吸引沿線國家高度關注與積極參與的關鍵點。[4]

一帶一路是聯繫亞非歐的政策、貿易、設施、資金、人心暢通的跨地區合作模式，共建一帶一路旨在促進經濟要素有序自由流動、資源高效配置和市場深度融合，推動原先各國實現經濟政策協調，開展更大範圍、更高水平、更深層次的區域合作，共同打造開放、包容、均衡、保衛的區域經濟

---

2 王義桅，《「一帶一路」機遇與挑戰》，頁15－16。
3 王義桅，《「一帶一路」機遇與挑戰》，頁41。
4 林健忠，《一帶一路與香港》（香港：三聯書店（香港）有限公司，2016年），頁50－51。

合作架構。[5]如果要研究澳門在一帶一路的定位，首先就要瞭解整個計劃的大方向，以及知道一帶一路會為澳門帶來甚麼影響，這樣才能夠抓緊機會，走一條適合澳門發展的道路。《「一帶一路」：機遇與挑戰》[6]是大陸首部從國際關係角度解讀一帶一路的書籍，王義桅教授集中介紹了一帶一路所要面對的機遇和風險，還有分析各國間區域性的合作。一帶一路是一個國際性計劃，當中涉及的範疇廣泛，因此必須要進行系統性的分析與研讀，才能夠解讀當中複雜的問題。

[5] 林健忠，《一帶一路與香港》，頁29。
[6] 王義桅，《「一帶一路」：機遇與挑戰》。

第二節　一帶一路的目的與功能

學者王信賢、邱韋智認為：一帶一路戰略的本質就是要輸出內部過剩的產能與多餘的外匯，以向西輻射的方式打通陸路及海上的新興市場，奠定在區域經濟中的核心地位。[7]王信賢、邱韋智表示：交通問題是建設一帶一路的首要戰略。第二，一帶一路不只希望解決大陸產能過剩問題，更希望將中國大陸打造成區域經濟的核心，「絲路基金」與「亞投行」使用人民幣，將進一步使人民幣成為區域的強勢貨幣，與美元和歐元分庭抗禮。[8]但對中國大陸來說，投資需要資本，因此這種高度依賴「投資」性質的戰略，需要透過「內需」與「產業升級」才能達到目的。

中共中央黨校副教育長韓慶祥認為：打通歐亞大陸橋始於周邊。最終目標，是破解周邊外交困局。[9]渣打銀行大中華區研究部主管丁爽指出：一帶一路亞洲需要每年在這一方面

---

7 王信賢、邱韋智，〈「一帶一路」：戰略意涵與內部資源爭奪〉，《戰略安全研析》，第118期，2015年，頁13。

8 王信賢、邱韋智，〈「一帶一路」：戰略意涵與內部資源爭奪〉，頁14。

9 〈韓慶祥：圍繞一帶一路全面解讀習近平總書記外交戰略〉，《中國國務院新聞辦公室》，2016年2月17日，http://www.scio.gov.cn/ztk/wh/slxy/31215/Document/1468705/1468705.htm。

投資5千億美元，是許多國家政府無力承受的；但中國的儲蓄率很高，且投資明顯走弱，有產能過剩的問題，藉由一帶一路把中國大陸的儲蓄和技術轉入到其他的國家，可解決其他國家設施方面的瓶頸。[10]學者林毅夫也表示，中國大陸建構一帶一路的目的在於將中國和其他亞洲國家乃至非洲連接起來，最終通往歐洲。透過建設一帶一路打造「利益共同體、責任共同體和命運共同體」。[11]

我們將一帶一路區分為以下幾個目的及功能性：

第一、藉由一帶一路的經濟效益拓展中國的對外關係，隨著全球經濟日益緊密，一帶一路有利於區域乃至全球的自由流動。尤其，中國大陸可藉由「交通等基礎建設」提升中國大陸的交通建設技術，另外，中國大陸亦可借助「產業和投資需求」帶動中國大陸交通建設及其他事業的影響性。

在合作重點方面，將以沿線各國基礎設施建設的互聯互通為突破口，以產業合作、產能合作為重點。因為深化產業合作既契合沿線國家實現工業化訴求，又可帶動大陸的產業

---

10 〈丁爽：「一帶一路」可推動國際貿易中使用人民幣〉，《中國國務院新聞辦公室》，2016年2月4日，http://www.scio.gov.cn/ztk/wh/slxy/31215/Document/1468140/1468140.htm。

11 〈林毅夫：一帶一路中國經濟的大事〉，《中國國務院新聞辦公室》，2016年1月29日，http://www.scio.gov.cn/ztk/wh/slxy/31215/Document/1466891/1466891.htm。

結構優化升級，是促進與沿線國家經濟深度融合的重要途徑。另外，還將推動亞洲債券市場開放和發展，籌建亞投行、金磚國家開發銀行，建立上海合作組織等融資機構，加快絲路基金組建營運，以作為一帶一路的融資平台。在合作機制方面，一帶一路將加強雙邊合作、開展多層次、多渠道溝通磋商，推動雙邊關係全面發展。同時，也將強化多邊合作機制作用，發揮上海合作組織、中國－東協自貿區、亞太經合會、亞歐會議、中國－海合會戰略對話、大湄公河區域經濟合作、中亞區域經濟合作等現有多邊合作機制作用。另外，將繼續發揮沿線各國區域、次區域相關國際論壇和展覽會，以及博鰲亞洲論壇、中國－東盟博覽會、歐亞經濟論壇等的建設性作用。[12]

資金融通是一帶一路建設的重要支撐。深化經濟合作，推進亞洲貨幣穩定體系、投融資體系和信用建設體系建設。擴大沿線國家雙邊本幣互換、結算的範圍和規模。推動亞洲債券市場的開放和發展。共同推進亞洲基礎設施投資銀行、金磚國家開發銀行籌建，有關各方就建立上海合作組織融資

---

[12] 趙永祥、吳依正，〈從亞投行與一帶一路看中國海外經濟版圖擴張與對台灣經濟發展之影響〉，《全球管理與經濟》，第11卷第2期，2015年12月，頁105。

機展開磋商。加快絲路基金組建運營。深化中國－東盟銀行聯合體，上合組織銀行聯合體務實合作，以銀行貸款、銀行授信等方式開展多邊金融合作。支持沿線國家政府和信用等級較高的企業以及金融機構在中國大陸境內發行人民幣債券。符合條件的中國大陸境內金融機構和企業可以在境外發行人民幣債券和外幣債券，鼓勵在沿線國家使用所籌資金。[13]

第二、透過外交聯合，突破美國的戰略性圍堵。對中國大陸而言，一帶一路的深入推進與實施，將進一步推動世界經濟增長重心向亞洲地區轉移的進程，促進亞洲交通一體化、市場一體化和經濟規則一體化發展，推動整個亞洲的區域經濟一體化進程，是中國大陸推動亞洲經濟整合的一個路徑。此外，在高度的經濟合作下，人民幣不僅將可能成為區域內的強勢貨幣，未來也進一步提升中國大陸的國際金融地位及人民幣的國際化進程。學者王義桅認為：一帶一路倡議更是給中歐關係發展提升到洲際合作高度。一帶一路倡議提出後，中國－中東歐「16+1合作」的層次。[14]由此來看，一

---

13 〈周小川：「一帶一路」不是某個國家的獨角戲〉，《壹讀》，2017年5月11日，https://read01.com/QmxKg6.html。

14 〈王義桅：一帶一路塑造中歐命運共同體〉，《中國國務院新聞辦公室》，2015年12月22日，http://www.scio.gov.cn/zhzc/3/32765/Document/1459784/1459784.htm。

帶一路的外交策略在於提升中國大陸的對外影響性。

然而隨著大陸一帶一路戰略提出後，大陸決定不在太平洋上與美國正面衝突，反而轉身向西以南海為起點，連結南亞各國打造印度洋上的海上航線，希望弱化「島鏈」戰略效果，同時突破「麻六甲困境」，大陸希望透過經濟實力的展現、資金與技術的向外輸出，來打造一個西向的聯外安全通道，同時亦能「以空間換取時間」，當前大陸的軍事實力仍然無法突破美國的島鏈封鎖，但海上交通的安全對於一帶一路的發展至關重要，透過西向的海上航線，繞行地球另一面至歐洲，亦能達成其戰略目的。[15]

一帶一路倡議中，顯示出新古典地緣政治理論並非以地緣因素作為地緣政治經濟戰略的唯一考量因素，而是增加社會因素與文化因素的面向。它似乎更能分析中共一帶一路倡議背後的地緣戰略意涵，不會陷入傳統地緣政治理論的地緣困境，只強調地緣因素而忽略了其他因素的影響，只聚焦於中共突穿第一島鏈的政治軍事意涵，而疏忽其背後的經濟、社會及文化意涵及福祉、情感、認同空間的衝擊。簡言之，純就理論而言，不能以傳統地緣政治理論的地緣空間觀點探

[15] 向恒緯，《中共「一帶一路」政策發展及對美關係影響之研究》（台北：淡江大學中國大陸研究所碩士論文，2016年），頁50。

索一帶一路倡議背後的戰略佈局意涵；新古典地緣政治理論較能掌握其背後的意涵，因為當代的國際情勢已經不允許中共以軍事與政治方式征服及控制沿路國家，配合中共的戰略意圖而加入一帶一路倡議。相同地，中共也理解必須以社會、文化與經濟為主要方式，藉由互助互利、互信互敬是有助於其獲取沿路國家的支持而達成其戰略意圖。[16]

一帶一路所參與的國家除了亞洲國家也包含了歐洲及非洲等國，從文化面來看，由於一帶一路沿線國家的歷史傳統、風俗習慣、語言文字、宗教信仰等不盡相同。因此若要進一步合作，中國大陸勢必培養相關的專才，以利在推行一帶一路上能進一步獲得效益。此外，經濟制度及法律制度各異，未來各國如何在合作的基礎上達成共識及共同解決問題亦要藉由專業人才解決「制度迥異」等問題。

故此，一帶一路建設不但能促進中國大陸進一步提高自由化及市場開放水準，也能同時為中國大陸與不同發展程度的國家開展經貿合作規則談判，提供實戰經驗及參考範本，展示中國大陸為推動經貿自由化所做的努力和準備；進而體現中國大陸對外開放與參與全球經濟治理的意圖，為其日後

---

[16] 莫大華，〈新古典地緣政治理論的再起：以中共「一帶一路」地緣政治經濟戰略布局為例〉，《國防雜誌》，第31卷第1期，2016年3月，頁15。

加入與已開發國家的經貿規則談判事務、乃至於全球經貿規則之制定提供有力支援。[17]

[17] 吳子涵，〈「一帶一路」倡議與中國大陸參與全球治理之關聯初探〉，《經濟前瞻》，2016年9月，頁72。

第三節　一帶一路為澳門帶來的機遇

2015年，大陸國家發改委、外交部、商務部聯合發佈推動一帶一路建設願景與行動的文本，提出要「發揮海外僑胞以及香港、澳門特別行政區獨特優勢作用，積極參與和助力『一帶一路』建設。」[18]這是澳門被納入一帶一路發展戰略的重要標誌。

大陸將澳門納入一帶一路戰略，無疑給澳門經濟發展多元帶來福音。作為「21世紀海上絲綢之路」其中一站，澳門擁有極佳的地理及僑胞優勢，尤其與東南亞地區經貿往來密切，大可繼中國與葡語國家商貿平台後，再借一帶一路的東風，打造成中國與東南亞國家經貿合作服務平台，直接參與中國國家發展戰略，使澳門前景無限。[19]中國提出的一帶一路倡議將為澳門開展對外經濟合作提供新的契機，進一步拓展澳門的發展空間。另外，特區政府按照「世界旅遊休閒中

[18] 中華人民共和國國家發展改革委員會員會、外交部、商務部，〈中國各地方開放態勢〉，《推動共建絲綢之路經濟帶和21世紀海上絲綢之路的願景與行動》，2015年3月28日，頁7。

[19] 曾志敏，〈「一帶一路」大戰略及其給澳門帶來的新機遇〉，《澳門月刊》，第220期，2015年5月，頁40－41。

心」及「中國與葡語國家商貿合作服務平台」的發展定位，堅持「兩條腿走路」的經濟發展策略。[20]這更有利於澳門在參與過程中表現出本身獨特的優勢，成為計劃內的一個重要樞紐。

大陸實施一帶一路戰略和設立自貿區，澳門特區政府正作出部署：一是組團考察大陸自貿區和大陸一帶一路建設的重點區域，尋找商機；二是鼓勵澳門業界、有關社團和人士發揮仲介和橋樑作用，加強與一帶一路沿線國家和地區的聯繫和合作，以及組織有關葡語國家考察和開展經貿交流活動，共同開拓海外市場；三是近期重點推進橫琴、南沙兩個自貿區對接，協助澳門中小微企業、專業人士和青年人到橫琴、南沙自貿區發展；四是充分發揮澳門貿易投資促進局多個駐大陸聯絡處的作用，協助業界盡快進入大陸自貿區和一帶一路開發區爭取發展機遇。[21]

以與澳門相關的角度去看，一帶一路戰略擴展了產業轉移的發展空間，東部沿海地區可以將一些勞動密集型、資源消耗型產業向中國國內和國際兩個方向轉移，既可以帶動相

---

20 澳門特別行政區行政長官辦公室，〈經濟財政範疇〉，《澳門特別行政區政府2016年財政年度施政報告》，2015年11月17日，頁190。

21 江迅，〈澳門多元轉型秘訣崔世安推動一帶一路新方向〉，《亞洲週刊》，第29卷第19期，2015年5月，頁6－10。

對落後地區的經濟發展，也在一定程度上為東部沿海地區的產業升級清除了障礙。[22]中國國家主席習近平曾指出：「我們為此作出全面深化改革的總體部署，著力點之一就是以更完善、根據活力的開放型經濟體系，全方位、多層次發展國際合作，擴大同各國各地區的利益會合、互利共贏。[23]」從澳門與一帶一路的關係看，正如中國外交部長王毅在以〈絲路：機遇與挑戰）為主題的演講中所言：「『一帶一路』倡議是中國的，機遇是世界的。」[24]而澳門與香港一樣，作為中國的特別行政區，也將在參與一帶一路戰略中分享發展的機遇。

壹、人才方面的培養

現在澳門在人力資源方面可謂求才若渴，主要原因是由於本地產出的高端人才不足，所以與外國加緊經貿合作能夠提升國際知名度外，還可以吸引更多人才來澳，以此提升生產力，特別是來自葡語國家的人才，多語言的人才能夠加強彼此溝通，為澳門擔當橋樑的角色提供力量，解決未來發展的需要。

---

22 王義桅，《「一帶一路」機遇與挑戰》，頁51。

23 〈弘揚絲路精神，深化中阿合作〉，《中國共產黨新聞網》，2014年6月5日，http://cpc.people.com.cn/xuexi/n/2015/0721/c397563-27338175.html。

24 魏少璞，〈王毅：規則和法治是「一帶一路」走向世界的通行證〉，《環球網》，2018年7月2日，http://world.huanqiu.com/exclusive/2018-07/12398265.html。

一個國家或地區經濟社會的發展離不開自然資源、勞動力和物質資本，而人才資源更是推動經濟、社會發展的最重要元素。因此，要加快建議世界旅遊休閒中心和中葡經貿合作服務平台，促進經濟是適度多元化發展，離不開大力開發及培養人才。[25]回歸前，澳門由葡萄牙管治。澳葡政府長期以來採取「隨波逐流」政策，對經濟發展放任自流，對人才開發與培育也無所作為，既不重視基礎教育和高等教育，也不注重人力資源培訓。相對鄰近地區，澳門基礎教育和高等教育都比較落後。[26]而且澳門長期受限於其自然地理條件，傳統工業難以規模化發展，多年來只能朝第三產業方向邁進。回歸後，澳門迎來博彩業專營權的開放，經濟高速發展，旅遊博彩業成為澳門主要的經濟支柱。近期，在中國國家政策支持下，澳門積極實施建設「世界旅遊休閒中心」和「中葡商貿合作服務平台」的發展戰略，著力促進產業適度多元。[27]而澳門回歸二十年來，經濟建設高速發展，社會狀況和諧穩定。2016年9月間，特區政府制定了《澳門特別行

[25] 柳智毅，《澳門人才開發與培養研究》（澳門：澳門經濟學會，2015年），頁1。

[26] 柳智毅，《澳門人才開發與培養研究》，頁62。

[27] 陳志峰，梁俊傑，〈澳門專業人才引進歷史、現狀與改進〉，《港澳研究》，第2期，2017年，頁64－96。

政區五年發展規劃（2016至2020年）》，提出建設「一個中心」，真正成為名副其實的旅遊休閒城市、宜居城市、安全城市、健康城市、智慧城市、文化城市、善治城市」的長遠發展願景。為了實現這一願景，必須動員更多的人投身經濟建設與社會發展。[28]但本地人力資源數量和質素不足已是不爭的事實，尤其是澳門面臨經濟多元和社會轉型的歷史時期，高質素人才稀缺已成為澳門面臨的嚴峻挑戰。[29]在澳門社會經濟快速發展的同時，經濟規模不斷擴大，的確為各行各業提供了更多機會，也為市民創造了不少就業機會。不過目前澳門職場卻普遍出現所謂的高薪低職現象，澳門很多行業崗位都缺乏本地的高層次人才，而高層職位往往被外僱佔據。在經濟急速發展的過程中，本地居民也希望合理分享經濟社會發展成果、持續改善生活質素、追求向上流動。[30]

特區政府認為經濟適度多元發展，是澳門實現可持續發展的必然選擇。大力推進經濟適度多元發展，積極培育具發展潛力的新興產業，致力促進產業結構的優化，並支持、鼓勵澳門中小企、專業人士、青年的方法，提升創新能力和競爭能

[28] 李嘉曾，〈微型經濟轉型背景下的勞動力需求與人才培養政策－以澳門為例〉，《澳門月刊》，第45卷第6期，2017年11月，頁39－46。
[29] 柳智毅，《澳門人才開發與培養研究》，頁13。
[30] 柳智毅，《澳門人才開發與培養研究》，頁10。

力，主動融入中國國家發展佈局，提升特區政府在國家經濟發展和對外開放中的地位和功能。[31]雖然澳門經濟在回歸之後飛速發展，但是博彩業一業獨大，產業結構單一，資源過度集中，既壓制了澳門其他產業發展的空間，也導致澳門人才結構單一。博彩業高速發展，在澳門勞動市場形成了高收入，低學歷的現象。[32]從澳門人才戰略的角度看，提高勞動力的品質是澳門發展的當務之急。因應北京中央政府對澳門人才培養和經濟適度多元的要求，特區政府設立人才發展委員會，並負責制定、規劃及協調澳門的人數培養長遠發展策略，包括構思並確保落實人才培養的短、中、長期措施和政策，以及有效調撥資源，尤其是對「精英培訓計劃」、「專才激勵計劃」及「應用人才促進計劃」，並會構思建設鼓勵人才留澳和回澳機制的計劃及方案，體現了特區政府對人才發展的高度重視為了解決當前人才短缺矛盾，也為了澳門的長遠發展，澳門政府必須盡快制定當前和長遠的人才開發和培養戰略。[33]本地人才的開發與培養首先需要能夠識別人才，盡快落實專業認證是當務之急。雖然澳門回歸十多年，各行各業飛快發展，但專業認證制度仍

31　雁西，〈澳門經濟多元發展與人才建設〉，《九鼎月刊》，第103期，2016年5月，頁39－42。
32　雁西，〈澳門經濟多元發展與人才建設〉，頁39－42。
33　柳智毅，《澳門人才開發與培養研究》，頁70。

然殘缺，不利人才的發展。[34]做好人才培養規劃，加大新興產業發展相關人才培養和栽培的力度。因為本地人才的培養是基礎，也是保證人才資源不枯竭的根本的舉措。特別是澳門產業多元化發展過程中急需的緊缺人才，需要採取特殊的政策措施，實施定向人才培養和聯合培養，盡快解決人才缺口，以滿足產業多元化發展對人才的需求。[35]

貳、中葡平台的建設

澳門是一座小型的東方城市，位於中國南部的珠江三角洲地區，是中國了解西方世界的一扇窗口。澳門曾經被葡萄牙統治長達四百多年，最終在1999年12月20日回歸中國，同時這也標誌著葡萄牙對這塊土地統治的終結。正是在這種特殊的歷史背景下，澳門呈現出東西方相互融合、和諧共處的文化形態，這也是澳門區別於中國其他地區的一大特色。[36]近500年來，澳門是無形的中西文化思想的交流傳播地和有型的中西商品貿易市集。澳門從一個小漁村變為一個市集，其

---

[34] 柳智毅，《澳門人才開發與培養研究》，頁120。

[35] 雁西，〈澳門經濟多元發展與人才建設〉，頁39－42。

[36] 陳家慧，〈發展知識經濟，強化澳門對外平台功能－構建中拉電子訊息交流平台〉，魏美昌編，《全球化與澳門－澳門在亞太和拉美之間的對外平台角色》（澳門、北京：澳門基金會、社會科學文獻出版社，2017年），頁032。

角色是中介人。回歸後的澳門特區繼承歷史傳統，即作為通向世界的便捷自由的渠道，再加上新成為特區而與中國大陸的密切關係及背靠大陸龐大市場的優勢，在北京中央政府的支持下，成為中國與葡語國家交流的平台、世界華商交流的平台、珠三角地區特別是其西部的交流平台。澳門的角色從中介人提升到平台的高層次。[37]

澳門毗鄰大陸，在「一國兩制」框架下，澳門與大陸開展了全面深入的合作，積累了豐富經驗。大陸與澳門在各個領域的「互聯互通」，無疑將成為中國推動一帶一路沿線各國加強互聯互通合作夥伴關係的重要服務平台。利用好與葡語國家聯繫的優勢，積極協助中國企業開拓拉美、非洲等地葡語國家市場，是澳門助力一帶一路建設的重要方面。在一帶一路戰略下，把澳門作為中國與葡語國家商貿服務平台的規劃有機結合起來必將形成疊加效應。[38]雖然博彩旅遊業佔據了澳門經濟的主導地位，但澳門在大部分歷史時期的功能定位均以「國際商埠」和「文化中介」為主，其歷史傳統、

---

[37] 陳守常，〈澳門的角色；從歷史走向未來－從市集到平台到樞鈕的變遷〉，魏美昌編，《全球化與澳門－澳門在亞太和拉美之間的對外平台角色》，頁009－010。

[38] 何振苓，何磊，〈「一帶一路」戰略中澳門發展的機遇、優勢與路徑〉，《國際經濟合作》，第10期，2016年，頁83－86。

文化底蘊和制度安排等，都是與它的這一定位相適應的。至今，澳門仍然保持著國際自由港、單獨關稅區、廣泛的對外聯系、開放的經濟體系、多元的語言文化環境等「國際商埠」和「文化中介」的基本功能，只要條件適宜，就有可能重新煥發生機。[39]並可以利用中國－葡語國家經貿合作平台，透過澳門的一帶一路組織機構推動中國省市自治區與葡語國家的合作發展。[40]

在《時事政治一本通》[41]一書中解讀了最新國家政策要點和匯編了最新中國國內國際時事問題，一帶一路是該書其中一個討論熱點，分析了路港建設所帶來的問題和影響。其中論述的「引進來」和「走出去」政策可以為澳門未來定位提供方向，雖然澳門沒有優良的海港作船運之用，但是仍有一個「小而精」的空港往來國際，隨著中國與葡語國家合作加深，澳門作為溝通平台要好好運用本身的資源，加緊建設國際通道才能夠與其他國家互聯互通，打造成一個開放環境，並優化與內陸地區聯繫，形成一條貿易走廊。

---

[39] 汪海，〈澳門：中國和拉丁語系國家的經貿合作平台〉，《國際經濟合作》，第5期，2008年，頁84－89。

[40] 孫久文，潘鴻桂，〈「一帶一路」戰略定位與澳門的機遇〉，《現代管理科學》，第1期，2016年，頁27－29。

[41] 陳旭曉、宮共，《時事政治一本通》（北京：人民出版社，2016年）。

故此，澳門可以發揮語言、人才、資金優勢，協助中國企業拓展葡語國家市場。一帶一路也將為其建設世界旅遊休閒中心、中國與葡語國家商貿合作服務平台提供強大推力，有助於澳門實現經濟適度多元化的目標。利用好葡語國家的聯繫優勢，積極發揮連接中國與各葡語國家間的平台、鍊結和橋樑的作用，重點推進與橫琴、南沙兩個自貿區片區對接。[42]

參、旅遊休閒中心的建設

澳門作為實施資本主義制度的國際自由港城市，處於海上絲綢之路節點，歷史上就是中國對外的一個重要窗口。港珠澳大橋已然建成，港澳珠三角城市群將產生更大協同效應，成為更大的經濟增長極。港珠澳大橋使香港國際機場、貨運碼頭與澳門的便利性加強外向型多元化社會以及國際專才的優勢，對配合中國國內企業「走出去」及國外企業「請進來」有一定作用。借助一帶一路契機，讓年輕一代參與新的全球競爭，開闊視野、向上流動，而不是只囿於三十平方公里內的博彩業。[43]

---

[42] 秦玉才、周谷平、羅衛東，《「一帶一路」讀本》（杭州：浙江大學出版社，2015年），頁177－178。

[43] 孫久文、潘鴻桂，〈「一帶一路」戰略定位與澳門的機遇〉，《現代管理科學》，第1期，2016年，頁27－29。

澳門背靠珠江三角洲，面向南海，擁有國際機場，東盟甚至韓國、日本、斯里蘭卡及印度，皆可使其國民免簽證進入，人員的自由流動，將是澳門重新融入海上絲綢之路的重要優勢。澳門作為國際商貿和旅遊中心以及古代海上絲綢之路起點之一，在歷史發展進程中扮演個重要角色，與海上絲綢之路原先國家的經貿合作從未間斷過，現時借助中國國家的戰略政策，澳門可在一帶一路的戰略中發揮獨特優勢。[44]而澳門特區享有「一國兩制」的制度優勢主要源自《澳門基本法》的規定，《澳門基本法》序言中提及，根據中華人民共和國憲法第31條的規定，設立澳門特別行政區，並按照「一個國家，兩種制度」，不在澳門實行社會主義的制度和政策。這種制度優勢體現在三方面：一是自行立法及自行製定和執行政策；二是保留現行資本主義制度，如自由港制度；三是財政自主且不需向北京繳稅。令澳門特區具備這些制度優勢有助更靈活地參與一帶一路，並扮演重要的支點建設角色。[45]作為中國與拉丁美洲及歐洲的拉丁國家之間的文化及商業橋樑，澳門具有得天獨厚的戰略環境和自然環境，

---

[44] 曾志敏，〈一帶一路大戰略及其給澳門帶來的新機遇〉，《澳門月刊》，第五期，2015年5月，頁41。

[45] 謝四德，〈澳門融入國家「一帶一路」倡議的發展定位與思路〉，《亞太經濟》，第1期，2016 年，頁146－152。

這可以鞏固澳門作為一個國際化旅遊城市的地位，同時也有在澳門成為一個文化和商業發展中心，進而使澳門市民享受更好的生活環境。[46]

澳門作為重要的國際商貿和旅遊中心以及古代海上絲綢之路的重要起點之一，在歷史發展進程中發揮過舉足輕重作用，與中國大陸和海上絲綢之路沿線國家的緊密經貿合作從未間斷。相信借助一帶一路戰略的不斷應用實施，澳門透過提升一帶一路沿線國家的旅遊推廣，加強與一帶一路空間網絡城市的合作。隨著港珠澳大橋的開通和更多的航線開拓，推廣「一程多站」旅遊產品，未來澳門將吸引更多一帶一路區域內的高層次遊客，促進澳門成為世界旅遊休閒中心。[47]

《「一帶一路」旅遊創新發展》[48]的三位作者從一帶一路的角度出發，提出了不同類型的旅遊發展意見，列出了中國各個省市的旅遊發展項目作參考，並說明一帶一路為各地所帶來潛在機遇。雖然澳門並未成為該書其中一個研究對象，但是書中提及的珠三角發展計劃就與澳門息息相關，要

---

[46] David Malaga著，張朋亮譯，〈序言〉，魏美昌編，《全球化與澳門－澳門在亞太和拉美之間的對外平台角色》，頁001。

[47] 宋雅楠，〈「一帶一路」視角下的澳門世界旅遊休閒中心建設〉，《澳門月刊》，第230期，2016年3月，頁20－24。

[48] 劉鋒、李明偉、杜學，《「一帶一路」旅遊創新發展》（北京：旅遊教育出版社，2016年）。

知道澳門現有的產業是以博彩業和旅遊業為主，未來發展中更是離不開旅遊業，因此能夠配合一帶一路去發展是澳門旅遊業是一個非常合適的選項，對提升國際知名度和定位特式旅遊路線有重要的影響。

旅遊業是澳門發展迅速的產業之一。近年來，無論是入境旅客人數還是消費總額，都呈現穩定的增長趨勢。旅遊業相對雄厚的實力也為澳門參與一帶一路建設提供了有利條件。從海上絲綢之路的特色與澳門的優勢出發，可以將大力發展的歷史文化旅遊作為突破口，使歷史文化旅遊尤其適合於澳門這塊獨特的土地。為了與「一路」接軌，需要有全球視野和大手筆。澳門旅遊業可以嘗試通過與香港合作或者租借珠海島嶼的途徑，發展郵輪旅遊業開闢認識葡語國家、重溫地理大發現、見證海上絲綢之路等特色旅遊路線，推動面向世界的歷史文化旅遊的發展。[49]澳門借助澳門獨一無二的葡語優勢，把澳門打造成中國聯繫廣大的葡語國家和人民的交流往來中心。中國國家「十二五」規劃提出支持澳門建設「世界旅遊休閒中心」，推動沿線國家通過澳門與葡語國家加以聯繫交流，通過文化、旅遊、經貿等合作，進一步深

49 李嘉曾，〈澳門參與「一帶一路」戰略的方針與重點探討〉，《行政》，第30卷第1期，2017年，頁17－28。

化與沿線國家的合作夥伴關係，促進互利合作。這個目標即是澳門經濟適度多元化發展的必然，也是澳門順應世界休閒產業發展趨勢的必然，強化澳門與大陸聯繫廣泛又緊密的優勢，把澳門打造成國際物流和人員往來的中心和橋頭堡。[50]

在澳門世界旅遊休閒產業發展中，必須有效地調整博彩旅遊客源市場結構，走「多元化、國際化」發展道路。以其國際性旅遊休閒中心定位為基礎，加強澳門休閒度假和歷史文化形象的宣傳和旅遊資源優化，大力發展主題多樣、特色多元的旅遊休閒業態，吸引更多的世界各地遊客，建設具有國際高知名度的「世界旅遊休閒中心」。善於把握中國一帶一路的戰略機遇，吸引一帶一路沿線國家和地區的旅遊市場客源，進一步擴大旅遊休閒市場規模，從而拓展澳門世界旅遊休閒中心的發展與生存空間。[51]從一帶一路沿線國家開拓旅遊客源，豐富旅遊產品，提升客源層次，將是澳門旅遊業的新機遇。澳門與一帶一路沿線地區旅遊合作，特別是開拓共享一定的文化、習慣、價值的國家，吸引他們把納入澳門作為一帶一路旅遊路線。並建立更緊密的旅遊產品和路線合

---

[50] 胡利琴，〈澳門在「一帶一路」戰略中的重要地位與發展對策思考〉，《社科縱橫》，總第31卷第4期，2016年4月，頁40－42。

[51] 陳章喜，〈澳門世界旅遊休閒中心競爭力分析：理論與實證〉，《港澳研究》，第1期，2017年，頁68－95。

作，構建覆蓋全國及一帶一路沿線國家線路的新旅遊空間體系，結合區域內的旅遊資源優勢互補，通過整合創新，增強入境客流。更要與香港、廣州或深圳實現順暢入境對接，為旅客進入澳門旅遊提供便利。[52]

52 宋雅楠，〈「一帶一路」視角下的澳門世界旅遊休閒中心建設〉，《澳門月刊》，第230期，2016年3月，頁20－24。

第三章

一帶一路的發展背景與預期目標

第一節　一帶一路的發展背景

2013年中國大陸提出一帶一路戰略，一帶一路發展戰略是中國首次提出的重大經濟發展核心戰略，是持續推動中國崛起的極為重大的發展策略，也將成為二十一世紀主導經濟全球化的全球發展戰略。[1]一帶一路不僅是中國大陸對內、對外經濟發展的主策略，更是發展軍工產業、鞏固地緣優勢、制定國際機制等多重目標的全球大戰略；[2]是中國和沿線國家共同發展的共同地緣經濟財富，以及推動經濟全球化向前發展的重大理論創新。當前，經濟全球化和區域一體化進入了新的關鍵階段，中國的發展也進入經濟轉型的新常態。[3]從全球經濟發展的總體走勢來看，在當前國際關係發生劇烈變化的背景下，國際經濟關係出現新的博弈格局，具有很多不確定性，但中國與世界各國的發展仍然處於大的機遇期。

---

1 馮並，《一帶一路：全球發展的中國邏輯》（台北：高寶出版社，2015年），頁14。

2 陳建仲，〈解析中國大陸「一帶一路」戰略與前瞻〉《中共研究》，第49卷第6期，2015年6月，頁35。

3 馮並，《一帶一路：全球發展的中國邏輯》，頁18。

2013年，中國國家主席習近平提出了絲綢之路經濟帶和廿一世紀海上絲綢之路〔簡稱一帶一路〕的跨國經濟合作概念，發展與歐亞和非洲等國家的經濟合作夥伴關係，藉此作為中國未來對外的主要經濟戰略，由於該計劃影響的範圍廣泛，涉及六十多個國家和地區，因此非常值得去探討相關問題和思考各國的利益與效能。

壹、一帶一路的提出

2013年9月，中國國家主席習近平訪問哈薩克斯坦共和國，在納扎爾巴耶夫大學發表了題為《弘揚人民友誼，共創美好未來》的演說。其中指出「為了使我們歐亞各國經濟聯繫更加緊密、互相合作更加深入、發展空間更加廣闊，我們可以用創新的合作模式，共同建設『絲綢之路經濟帶』。這是一項造福沿途各國人民的大事業。」[4]此為首次提出中國建設「絲綢之路經濟帶」的戰略構想。

同年10月，中國國家主席習近平到印尼進行國事訪問期間，在印尼國會以闡述中國對進一步促進雙方關係，即東盟

[4] 常雪梅、程宏毅，〈共同建設「絲綢之路經濟帶」〉，《中國共產黨新聞網》，2013年9月7日，http://cpc.people.com.cn/xuexi/n/2015/0721/c397563-27338105.html。

關係發展的構想以及中國的發展理念為主題的演講中提出：「東南亞地區自古以來就是『海上絲綢之路』的重要樞紐，中國願同東盟國家加強海上合作，使用好中國政府設立的中國－東盟海上合作基金，發展好海洋合作伙伴關係，共同建設二十一世紀海上絲綢之路。」[5]

2014年4月，習近平在比利時布魯日歐洲學院演講時提到：「把中歐兩大市場連接起來。中國和歐盟經濟總量占世界三分之一，是世界最重要的兩大經濟體。我們要共同堅持市場開放，加快投資協定談判，積極探討自由貿易區建設，努力實現到2020年雙方貿易額達到10000億美元的宏偉目標。我們還要積極探討把中歐合作和絲綢之路經濟帶建設結合起來，以構建亞歐大市場為目標，讓亞歐兩大洲人員、企業、資金、技術活起來、火起來，使中國和歐盟成為世界經濟增長的雙引擎。」[6]「親望親好，鄰望鄰好」。中國堅持與鄰為善、以鄰為伴，堅持睦鄰、安鄰、富鄰，踐行親、誠、惠、容理念，努力使自身發展更好惠及亞洲國家。中國將同各國

5　常雪梅、程宏毅，〈共同建設二十一世紀「海上絲綢之路」〉，《中國共產黨新聞網》，2013年10月3日，http://cpc.people.com.cn/xuexi/n/2015/0721/c397563-27338109.html。

6　〈習近平在布魯日歐洲學院的演講〉，《新華網》，2014年4月1日，http://news.xinhuanet.com/world/2014-04/01/c_1110054309_4.htm。

一道，加快推進絲綢之路經濟帶和二十一世紀海上絲綢之路建設，儘早啟動亞洲基礎設施投資銀行，更加深入參與區域合作進程，推動亞洲發展和安全相互促進、相得益彰。[7]

一帶一路倡議提出以來，一帶一路建設得到了高層的積極引領推動。習近平主席、李克強總理多次與有關國家元首和政府首腦進行會晤，深入闡述一帶一路的深刻內涵和積極意義，就共建一帶一路達成廣泛共識。一帶一路倡議得到沿線各國的積極響應，與沿線各國的全方位務實合作不斷進入新階段。[8]一帶一路確有其明確的和平發展規劃：短期方面，係以建構基礎建設與貿易便捷化為核心；中程而言，則以區域自由貿易組建為目標；至於長程理想，則是建構以中國為全球經濟軸心的貿易網絡。[9]

貳、一帶一路的規劃

2015年3月，中國國家發展改革委員會、外交部、商務部聯合發佈《推動共建絲綢之路經濟帶和21世紀海上絲綢之

---

7 〈積極樹立亞洲安全觀共創安全合作新局面〉，《新華網》，2014年5月21日，http://news.xinhuanet.com/world/2014-05/21/c_126528981.htm。

8 秦玉才、周谷平、羅衛東，《「一帶一路」讀本》（杭州：浙江大學出版社，2015年），頁25。

9 莫大華，〈當前東亞戰略局勢的地緣觀察：以「一帶一路」為核心的思考〉，《政治學報》，第26期，2016年12月，頁36。

路的願景與行動》。這是一份重要的官方文件，進一步地集合計劃的構想與內容，概括地描述了一帶一路建設的框架思路、合作重點和合作機制，並以「五通」為主要內容，即政策溝通、設施聯通、貿易暢通、資金融通、民心相通。[10]此外，絲路基金[11]和亞洲基礎設施投資銀行[12]也會加入成為重要的融資渠道，為一帶一路帶來更多的資金，積極推進沿線國家發展戰略的相互對接。

習近平提出的「新型大國關係」，展現了大陸於國際舞台上的自信，認為中美關係可以平起平坐，並推升國際地位，另一方面也是向美國表達一項訊息，即亞太地區的利益可以共享，美國無須透過「亞洲再平衡」戰略以及利用南海議題來防堵大陸。也暗示美國，自身並非昔日的「吳下阿蒙」，有能力在亞洲地區捍衛自己的國家利益，希冀美國不

---

[10] 中華人民共和國國家發展改革委員會員會、外交部、商務部，〈中國各地方開放態勢〉，《推動共建絲綢之路經濟帶和21世紀海上絲綢之路的願景與行動》，2015年3月28日。

[11] 絲路基金是指由中華人民共和國政府出資，於2014年成立，規模為400億美元的中長期開發投資基金，以推動亞洲地區經濟發展，重點圍繞「一帶一路」沿線國家的基建、開發、產業合作等項目提供融資。《絲路基金有限責任公司》，http://www.silkroadfund.com.cn/。

[12] 亞洲基礎設施投資銀行是一個向亞洲各國家和地區政府提供資金以支持基礎設施建設之區域多邊開發機構，成立宗旨在促進亞洲區域內的互聯互通建設和經濟一體化進程，並且加強中華人民共和國及其他亞洲國家和地區的合作。總部設在中國北京，法定資本為1000億美元。《維基百科》，https://zh.wikipedia.org/zh-hk/亞洲基礎設施投資銀行。

應過度解讀一帶一路戰略，習近平如能順利推展一帶一路，對於中美兩國之間在亞太地區是能同時獲益的，透過「新型大國關係」與一帶一路，大陸希望將一東一西的戰略規劃相互結合，降低美國對自身在亞洲地區發展的疑慮，以期能順利發展。[13]從中國的經濟戰略設計，可以發現中國避開美國戰略利益，這包括了：（1）美國是傳統的海洋戰略國家，在地緣設計上保持著陸權與邊緣地區進行；（2）太平洋西岸的傳統第一島鏈的安全戰略，中國無意急著跨越第一島鏈，挑戰美國的海權，但主權利益則在其外。[14]

習近平於2014年11月8日在北京宣佈，大陸將出資400億美元成立「絲路基金」，推動發展亞洲區域經濟，將向一帶一路沿線國家的基礎設施、資源開發、產業和金融合作等項目提供投資與融資支持，希望能藉此「打破亞洲互聯互通瓶頸」。[15]並在2016年博鰲亞洲論壇上正式宣布：一帶一路建設願景與行動文件已制定。而中國國家發改委、外交部、商務部在中國國

[13] 向恒緯，《中共「一帶一路」政策發展及對美關係影響之研究》《中共「一帶一路」政策發展及對美關係影響之研究》（台北：淡江大學中國大陸研究所碩士論文，2016年），頁18。

[14] 王崑義，〈中國的國際戰略與一帶一路的形成〉，《台灣國際研究季刊》，第12卷第3期，2016年秋季號，頁46。

[15] 〈中國將出資4百億美元成立絲路基金〉，《BBC中文網》，2014年11月8日，http://www.bbc.com/zhongwen/trad/world/2014/11/141108_china_silkroadfund。

務院授權下發布了上述文件，標誌著一帶一路步入全面推進階段。一帶一路建設堅持共商、共建、共享原則，積極推進沿線國家發展戰略的相互對接。特別是堅持開放合作，不限於古代絲綢之路的範圍，各國和國際、地區組織均可參與，同時堅持遵循市場規律和國際通行原則，充分發揮市場在資源配置中的決定性作用和各類企業的主體作用。[16]

一帶一路倡議一方面擴大中國大陸對外開放的程度，協助中方漸次順應新一代國際經貿規則；另一方面，則是讓中國大陸有效發揮自身作為經濟大國和貿易大國的影響力，建立一套相對符合開發中國家利益的區域性貿易體制，使其成為國際經貿秩序的重要補充，提高中國大陸掌握國際經貿規則制定權的制度基礎。藉此加深本國與其他國家及區域的經貿往來關係，特別是提高自身於發展中國家之間的經濟影響力，進而弱化歐美國家對於國際經貿投資規則和標準制定權的影響力，改變歐美國家全權把持全球治理發展走勢的傳統格局，提高自身左右全球治理活動的能力，逐步朝向主導全球治理的核心地位邁進。[17]

---

16 趙永祥、白宗名、吳依正，〈「一帶一路」對大陸經濟與台灣未來發展之影響〉，《華人經濟研究》，第14卷第2期，2016年9月，頁120。

17 吳子涵，〈「一帶一路」倡議與中國大陸參與全球治理之關聯初探〉，《經濟前瞻》，2016年9月，頁74。

新型國際關係強調大小國家一律平等，建設命運共同體，推動國際體系演變，使之朝向更公正合理的方向發展。反映到中國外交理念上，時間上提倡全球治理，糾偏不合理的國際政治邏輯。空間上提出一帶一路倡議，修正不公平的國際秩序，實現內陸與海洋國家的共同發展；在國家屬性上倡導正確的義利觀，修復不公正的國際體系，體現大國擔當建設和諧世界。[18]整體而言，一帶一路開創了合作共贏的新型國際關係；通過政策溝通、設施連通、貿易暢通、資金融通含民心相通這「五通」打造政治互信、經濟融合、文化包容的利益、命運和責任共同體，推動實現中國與一帶一路沿線國家走向共同繁榮。這是人類大歷史上背景下一帶一路的時代邏輯。[19]

18 李紫晴，《習近平一帶一路的戰略思維》（台北：淡江大學中國大陸研究所碩士論文，2016年），頁171。

19 王義桅，〈一帶一路的國際話語權探析〉，《壹讀》，2016年5月14日，https://read01.com/PgEPEM.html。

第二節　一帶一路的預期目標

壹、全球戰略的角度

就全球戰略角度而言，國外智庫專家認為一帶一路倡議的制定是中國面對以美國、俄羅斯為代表的大國外交博弈的積極回應。一帶一路不只是國際關係或地緣政治的議題，更是當代全球化發展重要的文化事件，有別於傳統霸權仰賴軍事力量，呈現的是一種文明型崛起的路徑。[20]

首先，一帶一路倡議是中國針對美國高調「重返亞太」、推動跨太平洋夥伴全面進步協定（Comprehensive and Progressive Agreement for Trans-Pacific Partnership, CPTPP）而做出的積極回應，以緩解戰略壓力。「新絲綢之路」構想的提出，正是對美國重返亞洲戰略的回應。海陸並舉的「雙絲路」構想似乎是在未雨綢繆，通過加速貿易和資本投入，預防正在醞釀中的對華遏制。[21]過去，中國對外援助不附加政

---

[20] 羅金義、趙致洋，《放寬一帶一路的視界－困難與考驗》（香港：中華書局，2018年），頁97。

[21] 趙磊，《打通商脈與文脈「一帶一路」》（香港：開明書店，2018年），頁301。

治條件，減少了發展中國家對西方的援助依賴；現在，中國投資模式又區別於西方模式，正在補發展中國家經濟發展的短處。像烏茲別克這樣的國家，按市場經濟是很難獲國際金融機構貸款的，但獲得了國家開發銀行貸款，彰顯「政府+市場」雙輪驅動的中國模式魅力。印尼雅萬高鐵之所以中方擊敗日方勝出，就在於中方繞開了印尼方政府擔保的前提，背後都是中國國有銀行的支持。中國模式在非洲正大顯身手。非洲第一條中國標準跨國電氣化鐵路，從設計、施工到運營，全都採用中國模式，肯亞的蒙內鐵路和蒙巴薩港口建設也是如此。[22]

其次，一帶一路是對俄羅斯總統普京2011年提出的歐亞經濟聯盟設想的回應。在俄羅斯學者弗拉基米爾・傑爾加切夫看來，在未來幾年內，中亞國家需要在歐亞經濟聯盟和中國的「絲綢之路經濟帶」之間做出地緣政治抉擇。[23]在構建現代絲綢之路戰略進程中，「胸中要裝著國內國際兩個大局，國內大局就是『兩個一百年』奮鬥目標，實現中華民族偉大復興的中國夢。現代絲綢之路戰略應統籌絲綢之路經濟

---

22 王義桅，《「一帶一路」中國崛起的天下擔當》（北京：人民出版社，2018年），頁72。

23 趙磊，《打通商脈與文脈「一帶一路」》，頁301。

帶和21世紀海上絲綢之路兩個戰略，在功能、區間、合作方式等領域既要適當分工又要協同配合，完整地貫徹中國的外交戰略和最大限度地維護中國國家利益，應將海陸絲綢之路作為實現中國亞歐非戰略的重要戰略平台和載體，構建貫穿於亞歐非空間的戰略之梯。[24]」

一帶一路是經濟全球化深入發展、世界經濟格局變化以中國自身發展模式轉變共同作用的結果。當然，其中也包含了塑造和平穩定的周邊環境以及尋求戰略性資源供給多元化等因素。[25]全球化的深入發展主要表現在全球貿易和投資的增長仍在繼續，人員、資本、技術等生產要素的流動仍在加強，開放合作仍是當今時代的主要特徵。在此背景下倡導的一帶一路正是順應了時代潮流，並成為構建開放型世界經濟的新平台。所謂開放合作是指一帶一路相關的國家基於但不限於古代絲綢之路的範圍，各國和國際、地區組織均可參與，讓共建成果惠及更廣泛的區域。開放合作與內[26]向性的、封閉式的合作不同，它是一種外向型的區域或跨區域合

---

[24] 張蘊玲、袁正清《「一帶一路」與中國發展戰略》（北京：社會科學文獻出版社，2017年），頁022-023。

[25] 劉衛東，《「一帶一路」引領包容性全球化》（北京：商務印書館，2017年），頁047。

[26] 馮維江、徐秀軍，《一帶一路邁向治理現代化的大戰略》（北京：機械工業出版社，2016年），頁055。

作，一帶一路倡議不限於任何國家，不搞排他性的經濟集團，沿線以及其他國家只要有意願便可加入到這一倡議的建設中。[27]

貳、區域經濟的角度

通過參與一帶一路建設，相對落後的國家將獲得重新融入世界經濟主流的機會，有利於逐步消除貧困，有助於根除「三股勢力」。例如，德國弗萊堡大學政治學家托馬斯・貝格爾強調，一帶一路建設有利於促進地區和平與穩定，區域經濟合作與文化交流有助於化解衝突、消除宗教極端勢力滋生的溫床。埃及開羅大學亞洲研究中心主任薩利赫表示，共建一帶一路不僅是經濟領域的發展，更是政治民主、歷史文化等層面的深層次交流與合作；不僅是一國的單方面發展，更為絲綢之路的沿線國家提供難得的戰略機遇。[28]

雖然從表面上來看中南半島的國家都是發展中國家，無法與如日方中的中國抗衡，只能接受一帶一路的巨額投資，一帶一路要在中南半島推進，挑戰著實不少。小國利用不同國家之間的關係和矛盾，令自己得到最大的利益，甚或令中

[27] 馮維江、徐秀軍，《一帶一路邁向治理現代化的大戰略》，頁056。
[28] 趙磊，《打通商脈與文脈「一帶一路」》，頁301-302。

國在東南亞複雜的政治環境中泥足深陷。現時中國期望藉一帶一路建立由其主導的區域合作機制和模式（如「瀾湄合作」[29]），重整一直以來由美國主導的國際關係秩序，但所面對的難題並不是日本或美國等西方大國的干預和阻攔，反而更多的是縱使沿線國家的中央政府歡迎中國的資金，當地人民卻另有想法，如興建水壩帶來的居民的諸多民生問題這些挑戰並不是大灑金錢就能解決，要建立一帶一路期望達到的「命運共同體」，更重要的是要令人民感受到實質效益的「軟實力」。[30]

中國倡導「共商」，即在整個一帶一路建設中充份尊重沿線國家對各自參與的合作事項的發言權，妥善處理各國利益關係。沿線各國無論大小、強弱、貧富，都是一帶一路的平等參與者，都可以積極建言獻策，都可以就本國需要對多邊合作議程產生影響，但是都不能對別國所選擇的發展路徑指手畫腳。通過雙邊或者多邊溝通和磋商，各國方可找到經

[29] 即「瀾滄江－湄公河合作」，是由中國政府推動的推動的區域合作機制，是中國總理李克強在2014年11月的第17次中國與東協領導人會議上提出的重要倡議。成員包括湄公河流域的國家：中國、寮國、緬甸、泰國、柬埔寨和越南。首次領導人會議於2016年3月22日至23日在中國海南三亞舉行，中國國務院總理李克強與其他成員國的領導人共同出席會議，並就該合作機制交換意見。

[30] 羅金義、趙致洋，《放寬一帶一路的視界－困難與考驗》，頁173。

濟優勢的互補，實現發展戰略的對接。其次，中國倡導「共建」。「商討」畢竟只是各方實質性參與一帶一路建設的第一步，接下來要進一步做好「走出去」的服務工作，同時鼓勵沿線國家在引入資金、技術後培養相關人才，增強自主發展能力。只有做到了前面兩點，才能保證一帶一路建設的成果能夠被沿線國家所共用。[31]

參、加強中國與沿線國家的經貿往來與經濟合作

德國墨卡托中國研究所研究員魯道爾夫認為，一帶一路並非只是簡單地將中國和歐洲連接在一起，而是旨在建設一個以中國為中心的跨地區基礎設施網路，這一網路包含油氣管道、鐵路和深海港口等，將是一個長期項目，至少需要幾十年才能建成。中國用現代高速鐵路、公路、管道、港口以及光纜，重新「復活」古代絲綢之路，將這些道路以及由此產生的貿易視為建設睦鄰友好的重要措施。一直以來，包括德國在內的西方世界將中國的崛起和中國新的地區優勢地位鎖定在亞太地區，較少關注中國在其西部鄰國的積極作為。一帶一路戰略構想的出台標誌著新一屆中國政府的外交更加

[31] 王義桅，《「一帶一路」中國崛起的天下擔當》，頁65。

自信並已做好準備將其影響力擴大到歐亞區域，直達歐洲。中國外交的首要關注由周邊鄰國進入歐亞大周邊範疇。[32]

一帶一路不是企業「走出去」，而是「走進去」－要落地，跟當地國家的發展項目相結合，既要「一國一策」，也要「多國多港」，辯證地處理差異性與協調性問題。一起建設，一起維護，才能在安全上建立互信，最終形成一個命運共同體。相關服務也要走進去「走進去」，要適應當地的民俗、宗教，用當地人所希望的形式「落地生根」，不再是簡單地「走出去」，而是「走進去」，越來越多的是「歐洲生產，歐洲消費」、「非洲生產，非洲消費」……這就是企業抓住一帶一路機遇的要旨。一帶一路堪稱新時期的長征，在21世紀播撒中國合作共贏的理念，引導企業往全球分工體系裡最有潛力的市場走並落地生根，開花結果，開創全球化新模式，實現共同發展。[33]

第二，健全中國與沿線國家貿易合作的機制與平台。一是加快建立與沿線國家使領館、商貿機構、政府機構等交流合作機制；二是發揮中國與沿線國家間各類合作平台的作用，調動各方積極參與貿易合作；三是加強中國與沿線國家

---

32 趙磊，《打通商脈與文脈「一帶一路」》，頁302。
33 王義桅，《「一帶一路」中國崛起的天下擔當》，頁259－260。

間非官方組織在商事法律領域的合作與交流，為「走出去」企業提供專業諮詢服務等。

第三，不斷深化中國與沿線國家的產業合作。一是促進產品轉型升級，在鞏固傳統勞動密集型工業商品貿易的基礎上加大機電產品、高新技術等產品的發展；二是加強在新一代信息技術、新能源等產業領域的深入合作，推動高端產品領域上下游產業鏈與關聯產業協同發展，推動新興產業合作，擴大消費市場；三是深化能源合作，不斷拓寬油氣進口渠道，逐漸豐富合作類型和領域；四是提高中國與各國之間農產品貿易通關合作和提高通關便利化水平，不斷挖掘貿易新增長點。[34]

絕大多數企業將一帶一路等同於「走出去」，把走出的目標集中在沿線65個國家。其實，一帶一路不只是產品、企業、投資走出去，服務、標準也應走出去，而且還要「走進去」－關鍵是產能、服務要走進去，走進一帶一路沿線65個國家。一帶一路也非轉移所謂的過剩產能，本質上是國際產能合作，從「中國製造」（made in China）到「中國建造」（built by China）。原來我們想法子把西方發達國家技術、

[34] 中國國家信息中心「一帶一路」外貿大數據課題組，〈中國與「一帶一路」沿線國家貿易合作進展〉，載於主編趙弘，副主編游霭瓊、楊維鳳、王德利，《中國區域經濟發展報告（2018）》香港：和平圖書有限公司，2018年），頁121。

規則實現中國化，現在是將中國技術、規則當地化，將中國企業內化為一帶一路沿線國家的企業，比如華為手機將來是「歐洲生產，歐洲消費」、「中亞生產，中亞消費」……不少沿線國家尚沒有完善的法律規範，我們還要幫助當地立法或制訂行業標準，更好地實施法律對接、標準對接。[35]

肆、建立新的國際互動模式

無論從頂層設計還是具體實踐看，中國革命、建設、改革各個階段都產生了一系列中國特色的做法、經驗與模式，為一帶一路建設提供了豐富的營養。尤其是，漸進式改革、從沿海到內陸的有序開放，通過產業園區、經濟走廊等試點，然後總結推廣，形成以點帶面、從線到片的局面，最終以中國國內市場一體化為依托，輻射周邊，形成歐亞大陸一體化新格局。一帶一路作為國際公共產品的本質出發，一帶一路可以與很多排他性的國際組織和國際制度區別開來。首先，一帶一路不是正式的國際組織和國際制度，而是非正式的和不具有約束力的合作倡議。它不像聯合國、國際貨幣基金、世界銀行、世界貿易組織、世界衛生組織、國際氣象

[35] 王義桅，《世界是通的「一帶一路」的邏輯》（香港：三聯書店有限公司，2016年），頁132。

組織等正式的國際組織和國際制度，它沒有明確的權利和義務，沒有嚴格的規範程式，也沒有理事會、秘書處和一系列國際公共行政機構，它進出自由，來去隨意，不受任何國際制度條款的約束，既不是國家和國家間的組織，也不是非國家行為體，更沒有嚴格意義上的成員國。[36]

就全球治理角度而言，國外智庫認為中國通過一帶一路為紛繁複雜的國際社會提供了「中國智慧」和「中國方案」。新加坡學者鄭永年認為，絲綢之路既是中國古老文明的一部分，也是當代中國文明在國際政治舞台上樹立自信和得以復興的有效方法，是大國崛起所依托的時代精神。德國席勒研究所創始人拉魯什2014年在接受多家媒體有關中國一帶一路倡議的採訪時指出，老絲綢之路為人類開啟了一個相互理解的時代，新絲綢之路將攜手現代科學技術，給人類帶來更多的文明成果，是人類發展新紀元的開端。此外，新絲綢之路會帶來一個比現在更人道的時代，人們不再通過戰爭來化解衝突，而是通過更緊密的互聯互通來實現共同目標，新絲綢之路有助於構建世界和平新秩序。[37]

---

36 趙可金，《大國方略「一帶一路」在行動》（北京：人民出版社，2017年），頁004。

37 趙磊，《打通商脈與文脈「一帶一路」》，頁303。

第四章

澳門在一帶一路戰略下之定位與角色

第一節　澳門在一帶一路戰略下的定位

參與一帶一路建設，除了制定發展戰略和計劃外，還要有一個明確的方向，這樣澳門在一帶一路的道路上才可以走得更遠，充分利用本身的基礎條件，並在以下各個方面著力而為。

壹、穩住基礎、不斷擴展

旅遊博彩業在澳門的經濟產業中可謂重中之重，雖然特區政府努力推動多元產業，但與此同時仍需保持旅遊博彩業在國際上的優勢，打造國際旅遊品牌，這樣才有穩實的基礎推動產業發展。另一方面，會展業、文化創意產業等方面的成長發展，是促進澳門經濟適度多元化戰略的目標。將會展業與一帶一路結合，通過舉辦國際會議和主題展覽，對沿線國家大力推廣澳門專業化的會展服務，從而吸引更多國際化展會落戶澳門，拉近與鄰近地區的會展業水平，使澳門在未來建設成為一帶一路上的主要會展城市，與鄰近地區共同形成一個粵港澳大灣區的會展網絡。在文化創意產業方面，可以加強與一帶一路的沿線國家交流，促進文化交往，例如文物租賃、巡迴展覽和音樂交流團等，這樣做既可以同時結合會展業發展，也吸引國際旅客訪澳，帶動多方面的產業發展。

貳、聯合粵閩、攜手向前

不論是鄰近澳門的廣東省，還是與澳門淵源深厚的福建省，兩省都在「21世紀海上絲綢之路」建設力爭一席位，積極推進相關建設。因此，充分把握閩、粵自貿區設立帶來的機遇，與閩、粵兩地在一帶一路框架下探索新的合作模式，不僅具有巨大潛力和空間，也是澳門參與一帶一路建設的重要方向。[1]

澳門要結合中國賦予的「世界旅遊休閒中心」和「中葡商貿合作服務平台」定位，充分發揮固有的優勢，在新的國際、中國形勢下，為中國一帶一路建設作出新的貢獻。千萬不能只重視一帶一路戰略，而忽視「一個中心、一個平台」的建設，實際上這是互相聯繫、互相促進的一個整體系統工程。[2]

---

1 王雲鵬，〈「一帶一路」視域下的澳門機遇探析〉《國家「十三五規劃」與澳門的可持續發展——紀念澳門基本法頒佈23週年學術研討會論文集》，2016年6月，頁99－108。

2 莊金鋒，〈放眼「一帶一路」戰略，發揮「一國兩制」優勢〉，《「一國兩制」研究》，總第27期，2016年1月，頁36－45。

參、服務中葡、開拓經貿

澳門一直以來致力打造成為葡語國家商貿平台，藉此進一步強化澳門作為葡語國家金融平台角色。中國銀行澳門分行表示，自去年起，澳門對葡語國家銀行的人民幣清算量達138.9億元人民幣。[3]通過為葡語國家銀行提供人民幣清算服務，澳門可擔負起大陸與葡語國家人民幣清算中心的角色，為人民幣在葡語國家的推廣和使用提供便利，特別是促進人民幣在中葡貿易間的廣泛使用，可助推人民幣國際化，同時接合北京對澳門的定位，成為葡語國家人民幣清算中心和中葡合作發展基金總部。隨著澳門以及大陸與葡語國家金融合作的深化，澳門有機會建設成為中國與葡語國家金融服務中心，提供中國與葡語國家外匯結算、企業融資擔保、企業經貿合作的信用保證等多種金融服務。[4]

第一，共建葡語國家金融服務平台，提升大灣區金融輻射外溢功能。一是強化中葡商貿平台金融功能，為中葡企業提供配套資金結算和貿易融資等金融服務。二是協助大灣區

---

[3] 參見〈中國－葡語國家經貿合作論壇〉網頁，http://www.forumchinaplp.org.mo/boc-yuan-macau/?lang=tw。

[4] 郭永中，〈澳門建設中葡商貿合作平台的戰略思考〉，《理論學刊》，第10期，2011年，頁64－68。

機構向葡語國家拓展。推動中資金融機構對接葡語國家金融市場，支持中資企業拓展葡語國家市場。三是促進大灣區與葡語國家的金融滲透，支持葡語國家金融機構在大灣區開展金融投資、發行債券等。推進大灣區資本通過貿易、投資和金融業務流入葡語國家。

第二，發展跨境融資租賃，推動大灣區經濟更好地融入一帶一路建設。融資租賃是澳門參與一帶一路建設的重要切入點。一是支持深圳融資租賃企業在澳門開拓市場。加強澳深兩地政府合作，充分利用澳門獨立關稅區、自由港、低稅負及融資租賃准入門檻較低的優勢，支持深圳製造業、服務業的龍頭企業和行業內領先的專業租賃公司到澳門設立融資租賃企業、專業分公司或項目子公司並開展業務。二是打造大灣區跨境融資租賃業務集合平台。共同建立跨境融資租賃市場，建立以船舶工業、海洋工程、大型機械設備等行業為重點業務領域的融資租賃業務集合平台。[5]

第三，發展特色金融業，為一帶一路建設提供金融平台。金融作為現代經濟發展的血液，其重要性毋庸置疑，澳

5　郭萬達，〈促進澳門與深圳更緊密合作，助力「一帶一路」和粵港澳大灣區建設〉，載於澳門特別行政區政府政策研究室、澳門基金會、思路智庫主編《「一帶一路」與澳門發展》（澳門：社會科學文獻出版社，2018年），頁067。

門特別適合發展具有自身特色的金融業，以便為一帶一路建設提供金融服務平台。為此，澳門特區政府必須及時建立及完善各項相關法律法規，特別是加快建立和完[6]善與融資租賃相關的法律法規，建立融資租賃仲裁機制，實施更優惠的融資租賃特定稅率，採取更為靈活的資產折舊政策。同時，積極引進中國國內外有競爭力的專業租賃、資產管理的金融機構落戶澳門。與此同時，澳門須注意防控金融系統性風險，維護金融安全。澳門應當與北京有關部門進行充分溝通協調，共同統籌金融安全工作，預先做好維護金融安全頂層設計，努力構建穩定、可持續、風險可控的金融保障體系。

第四，發揮區域商貿服務平台的作用，助推一帶一路建設。基於歷史和地理等原因，澳門長期以來是聯繫中國大陸與世界的重要視窗，始終與葡語國家以及一帶一路沿線國家特別是東南亞國家保持密切的往來。因此，在參與和助力中國發展戰略的過程中，澳門應當發揮中國與葡語國家及中國與東盟之間的鍊結和橋樑作用，在中國對外開放，特別是對葡語國家以及一帶一路沿線國家開放中發揮自身獨特的作

6 蕭志偉，〈堅持開放思維助推「一帶一路」建設〉，載於澳門特別行政區政府政策研究室、澳門基金會、思路智庫主編《「一帶一路」與澳門發展》，頁090。

用，利用澳門所長服務中國所需，助力一帶一路建設不斷向前推進。[7]

[7] 蕭志偉，〈堅持開放思維助推「一帶一路」建設〉，載於澳門特別行政區政府政策研究室、澳門基金會、思路智庫主編《「一帶一路」與澳門發展》，頁091。

第二節　澳門在一帶一路戰略下的角色

澳門如果可以很好地建設「中國與葡語國家商貿合作服務平台」、葡語國家商品集散中心、中葡合作發展基金和中國與葡語國家人民幣清算中心的角色，大力發展金融服務產業，電子商務產業等新興產業，可以積極協助中國企業開拓葡語國家的市場，形成「一個平台 」與一帶一路的疊加效應，協助中國擴展一帶一路沿線國家的範圍，促進中國與非洲和拉美國家的關係，也為自身的經濟發展獲得資源、拓展空間。[8]

壹、中葡間的中介角色

中國推出的一帶一路政策包含絲綢之路經濟帶和21世紀海上絲綢之路兩個重要戰略方針。對中國而言加深葡萄牙語之關係，推出更有經濟及交流交易的策略需要澳門這個平台繼續使力。2015年，中國國家主席習近平在會見澳門特別行政區行政長官崔世安時強調，中國制定「十三五」規劃、實

8　劉煒華、郝雨凡，〈「一帶一路」－澳門經濟2.0版的發動機〉，載於澳門特別行政區政府政策研究室、澳門基金會、思路智庫主編《「一帶一路」與澳門發展》，頁170。

施一帶一路戰略將發揮澳門作用。[9]

葡語國家共同體是一個以葡萄牙語為官方語言的國家組成的友好論壇。這些國家及地區包括：葡萄牙、巴西、安哥拉、佛得角、幾內亞比紹、莫桑比克、聖多美和普林西比、東帝汶、澳門。中國和葡萄牙語系之間的關係從2003年開展以來已有多次的部長級會議。

中葡論壇部長級會議，每三年開一次會議。2003年，中國與葡語系國家共同成立了經貿合作論壇，在澳門設立了論壇常設秘書處，以推進多方在貿易、投資、農業、漁業、基礎設施建設、自然資源和人力資源等多層面、多領域的機制化合作。2003年中葡論壇成立至今，中國與葡語國家之間的務實合作快速發展，成果顯著。2014年，中國與葡語國家貿易額達到1325.8億美元，是2003年雙邊貿易額的12倍。

截至2015年底，中國累計對葡語國家直接投資63億美元。中國境內投資者在葡語國家設立的直接投資企業超過400家。[10]2016年為例，中葡論壇部長級會議簽署了五個《經貿

[9] 〈「一帶一路」點亮中國和葡語國家合作〉，《中國國務院新聞辦公室》，2016年10月10日，http://www.scio.gov.cn/ztk/wh/slxy/31199/Document/1493308/1493308.htm。

[10] 〈「一帶一路」點亮中國和葡語國家合作〉，《中國國務院新聞辦公室》，2016年10月10日，http://www.scio.gov.cn/ztk/wh/slxy/31199/Document/1493308/1493308.htm。

合作行動綱領》，除了再次確定政府間合作，其中也包括貿易、投資與企業、產能、農業、林業、漁業和畜牧業、基礎設施建設、能源、自然資源、教育與人力資源、金融、發展合作、旅遊、運輸與通信、文化、廣播影視與體育、衛生、海洋、省市間合作等。[11]

貳、中葡間的平台角色

澳門與葡語國家保持著傳統而廣泛的聯繫，而且在社會、文化、經濟、法律等多個方面都與葡語國家有相似之處。澳門作為中國與葡語國家的商貿服務平台，在澳門舉辦過多屆中國－葡語國家經貿合作論壇部長級會議。澳門已經成為中國與葡語國家人民幣清算中心，澳門可以利用好與葡語國家聯繫的優勢，積極協助中國企業走出去，開拓拉美、非洲等地區的葡語國家市場，同時可協助葡語國家拓展中國市場，助力一帶一路沿線國家與葡語國家打通經貿脈絡。[12]把澳門作為葡語國家乃至歐洲產品不僅僅限於食品的推介基地。這中間有

[11] 《中國－葡語國家經貿合作論壇（澳門）常設秘書處》，http://www.forumchinaplp.org.mo/about-us/mission-and-objectives/?lang=tw。

[12] 柳智毅，〈澳門在「一帶一路」建設與粵港澳大灣區城市群發展背景下的發展思路〉，載於澳門特別行政區政府政策研究室、澳門基金會、思路智庫主編《「一帶一路」與澳門發展》，頁103。

三個好處：第一，滿足粵港澳大灣區居民的需求，豐富居民消費；第二，促進中葡、中歐貿易，促進雙方貿易平衡；第三，如果在澳門舊區建設一個葡語國家或歐洲國家產品集散基地，則既可以吸引大陸居民前來澳門旅遊，又可以與澳門的都市更新結合起來，為澳門帶來實實在在的好處。

一、基於法律優勢平台

澳門可以提供法律方面的協助。澳門的法律體制與葡語國家法律體制相似，澳門不少律師行與葡語國家律師行簽署了合作協定。在葡語國家參與一帶一路建設的過程中，澳門可以從法律層面上提供必要的協助。[13]

澳門與葡語國家一直保持悠久緊密的歷史文化聯繫，因此，澳門與葡語國家的行政和法律相近，使澳門企業對中國和葡語國家的市場較為熟悉。而且，中文與葡文亦為澳門官方語言，澳門居民對大陸和葡語國家的風俗及文化會較為瞭解，以上優勢，都有利於發揮中國與葡語國家之間的服務平台作用。

---

[13] 李向玉，〈充分發揮澳門在葡語國家參與「一帶一路」建設中的作用〉，載於澳門特別行政區政府政策研究室、澳門基金會、思路智庫主編《「一帶一路」與澳門發展》，頁116。

二、中葡資訊及交易平台角色有利於企業發展「走出去」、「引進來」

澳門政府一貫鼓勵和幫助中小企業與葡語國家合作，充分利用澳門的中葡雙語人才等優勢提供服務，包括：法律顧問和諮詢、仲介及翻譯服務涉及農業、漁業、自然資源、語言教學、表演、銀行、保險、工程、電力、藥物、肉類加工、物流、診所、通訊、建築、資訊、餐飲、技術及電視廣播等領域。同時，企業可通過葡萄牙走向歐洲市場，通過巴西走向南美市場，還可通過安哥拉、佛得角、幾內亞比紹及莫桑比克開發非洲市場，通過東帝汶開發東盟市場。澳門致力於協助企業尋找中國大陸及葡語國家合作夥伴；為在澳葡語社群和團體、商會、土生葡人社團、中小企業以及葡語國家和中國大陸企業提供訊息與諮詢，協助開展經貿文化活動。澳門保持與中國大陸及葡語國家的密切聯繫，強化澳門的獨特優勢，不斷鞏固作為中國與葡語國家商貿合作平台的地位，充分發揮橋樑作用。[14]

14 《中國－葡語國家經貿合作論壇（澳門）常設秘書處》，http://www.forumchinaplp.org.mo/about-macao/platform-of-macao/?lang=tw。

三、教育平台角色培育中葡人才

基於澳門與葡語國家的歷史淵源關係，配合澳門「一個中心，一個平台」的發展定位，澳門致力於推動中葡雙語教育，培養中葡雙語人才。

在基礎教育方面，政府一直重視培養中葡雙語人才方面的基礎作用，多年來，公立學校以中文或葡文作為教學語文，並將葡文列為必修課。另外，政府還採取了一系列措施，以提升葡語教學的效能，並努力優化葡語教材。此外，大力推動私立學校開設葡語課程，凡是有意開設葡語課程又需師資支援的私立學校，均會無償派駐足夠的葡語教師，2015至2016學年私立學校共有33個校（部）設置葡語課程，修讀的學生超過3800人[15]；對於自行聘請教師開設葡語課程的私立學校，政府亦通過教育發展基金提供專項資助。政府亦鼓勵私立學校透過學校發展計劃的「促進學生學習成功」資助項目，申請開設拔尖性質的葡語課程，或為學習低成就的學生提供葡語課程，亦資助高中學生參加國際認可的葡語水準測試。

---

[15] 澳門高等教育輔助辦公室，〈關於陳明金議員書面質詢的答覆〉，第1145/E897/V/GPAL/2016號，2016年12月23日，http://www.al.gov.mo/uploads/attachment/2017-03/8280358c28aaed733b.pdf。

在高等教育方面，政府自2012年起舉辦「葡語達人－里斯本夏令營」，亦於每年暑假資助大專學生及中學生參加澳門大學葡語系舉辦的「葡萄牙語言及文化暑期課程」。澳門大學的「葡萄牙語言暑期課程」由1986年開始創辦，30年來吸引來自日本、南韓、印度、越南、馬來西亞、帝汶、埃塞俄比亞、美國、中國大陸、香港及澳門等國家和地區的學員參與。透過葡萄牙語及課外文化活動讓學生親身感受澳門獨特的中葡文化特色，增進學員對澳門歷史、社會、經濟、政治、文化多方面的瞭解。該課程為各地培養近6000名畢業生，當中約三分一為本地學生，為澳門培養中葡雙語人才作出不少貢獻。[16]

此外，澳門各大專院校除繼續開設翻譯、教育、經貿、對外漢語等學士學位課程，開辦葡語碩士、博士專業課程，務求從高層次、多方位地培養高端人才。而隨著中國國際的影響力上升，以及一帶一路跨國經濟帶的發展戰略，世界對不同語言的訊息翻譯量極速增大，人工翻譯遠遠未能滿足在應用方面的需求，因此，澳門理工學院聯合廣東外語外貿大

16 〈第三十屆葡語暑期課程現接受報名〉《澳門大學》，2016年4月25日，https://fah.umac.mo/news/news-portuguese/30th-portuguese-language-summer-programme-now-open-for-applications/。

學及中譯語通科技（北京）有限公司共同建設中葡英機器翻譯聯合實驗室，透過設立及運營中葡英機器翻譯聯合實驗室，研發「中葡英機器翻譯系統」，除為自身教育走向國際化創造條件，更有利於澳門成為亞太區葡語人才培訓基地和國際旅遊休閒中心的發展定位，並為一帶一路的區域發展帶來實質幫助。

而另一方面，我們可以在《澳門中長期人才培養計劃——五年行動方案》中看到澳門政府希望透過這個透過行動方案逐步推進的各類型人才，利用由人才發展委員會和相關機構、部門負責執行。而目前在已完成的博彩業、零售業、酒店業、飲食業和會展業的人才需求調研基礎上，配合澳門政府的整體規劃去加快發展「一個中心、一個平台」的行業人才需求，進一步開展其他行業人才調研項目，如剛完成的金融業、建築業人才調研項目。主要措施包括：透過人才需求調研數據構建緊缺人才需求資料庫；構建網上資料收集平台及更新機制；適時公佈人才資料。並鼓勵社會各行業人才進行人才資料登記。大力推動人才資料庫的建設及數據分析；並相繼加入申領「人才培養考證激勵計劃」之相關統計數據。與此同時，也不斷推動金融保險、中葡雙語、海洋經濟和創新型人才的培育工作。

參、澳門的歷史文化角色

澳門在歷史上與葡語國家有特殊聯繫，語言相通、法律近似，澳門成為中國與葡語國家經貿合作的橋樑和鍊結。葡萄牙駐華大使佩雷曾表示：澳門作為中國與葡語國家交流的鍊結，作用日益顯現，中葡論壇也日趨成熟。澳門的「一個平台、三個中心」，以及「中國與葡語國家商貿合作服務平台綜合體」專案都已成熟。中葡關係良好，這樣的關係有助於「中國與所有葡語國家的交往」。[17]由於歷史原因，使澳門與葡語國家保持著傳統而廣泛的聯繫，葡萄牙經濟部長曼努埃爾·卡布拉爾表態葡萄牙可以在中國進入歐洲市場的時候扮演重要作用。[18]巴西聯邦稅務局秘書長伊爾伽羅·瑪律丁斯表示，巴西作為拉丁美洲大國願意積極參與一帶一路建設的相關項目並加入各領域合作。[19]但綜觀參與一帶一路的葡語國家僅為東帝汶，其他國家都表示有其意願，但仍未加入。

---

17 〈葡萄牙願成為中國「一帶一路」連接歐洲的門戶〉，《人民網》，2016年11月2日，http://world.people.com.cn/n1/2016/1102/c1002-28828877.html。

18 〈葡萄牙經濟部長卡布拉爾：葡萄牙將出席「一帶一路」國際合作高峰論壇〉，《人民網》，2017年3月28日，http://world.people.com.cn/n1/2017/0328/c1002-29174945.html。

19 〈巴西作為拉美大國願加入「一帶一路」各領域合作〉，《國際在線》，2017年5月15日，http://news.cri.cn/20170515/a211e102-efdb-8914-2f59-f5c4d348b9af.html。

這說明澳門在葡萄牙語國家中，能有發揮的空間。

2017年一帶一路葡萄牙語媒體聯盟正式成立，這是第一個由葡語國家間成立的世界性媒體合作平台。該聯盟旨在聯合葡語媒體通力合作，推動葡語國家間的文化交流和經濟發展。[20]審視一帶一路的發展重點，2015年對外發佈了《推動共建絲綢之路經濟帶和21世紀海上絲綢之路的願景與行動》說到：利用雙多邊合作機制，推動一帶一路建設，促進區域合作蓬勃發展。[21]針對澳門可扮演的角色，2016年10月，中國國務院總理總理李克強在澳門曾表示：支持澳門舉辦世界旅遊經濟論壇、建立葡語國家人民幣清算中心和設立中葡合作發展基金總部等。

與香港比較，同為特別行政區，卻不能被其所取代澳門在中葡經貿合作中發展的地位，這與澳門特別行政區的歷史因素有關。在以往因貿易而與葡萄牙產生聯繫，因此，漸漸發展出與葡萄牙本土及其殖民地在政治、行政、司法和貿易上的聯繫，昔日的葡萄牙殖民地，如今已成為葡語國家的組成部分之一，使今天的澳門在扮演中國與葡語國家經濟貿易

---

[20] 《中國－葡語國家經貿合作論壇（澳門）常設秘書處》，http://www.forumchinaplp.org.mo/about-us/mission-and-objectives/?lang=tw。

[21] 〈推動共建絲綢之路經濟帶和21世紀海上絲綢之路的願景與行動〉，《中華人民共和國國家發展和改革委員會》，2015年3月28日。

合作平台的仲介和橋樑的角色具有明顯優勢，同時亦具有自然和正當的歷史基礎，令葡語國家和澳門的關係較為密切。由於歷史遭遇造成的語言和文化方面的淵源，澳門生活著一個獨特的族群——土生葡人，雖然這個族群的人數呈越來越少的趨向，但他們卻是澳門同葡語國家之間存在著密切的內在聯繫的載體。[22]而且，一批以前曾在澳門學習或工作的來自葡語國家的人士，現在許多國家或國際組織擔任要職，亦與澳門保留著緊密聯繫。澳門和葡語國家因而保持著長久而密切的聯繫，積累了豐富的人脈關係，形成一個龐大的國際網路，能發揮橋樑及平台的功能，可互通有無。[23]

肆、經濟上的窗口角色

一、人民幣國際化的窗口角色

澳門特區政府可以考慮與葡語國家澳門－葡語國家一帶一路投資基金，這個基金是為葡語國家的企業打開一帶一路沿線國家的市場而設，這個基金可以由澳門特區政府發起，

22 〈澳門融入珠三角不可忽略的自身特色優勢〉，《澳門月刊》，2011年，第4期，頁9。

23 馬志達，〈中國與葡語國家及非洲的經貿合作：澳門的角色、發展和目標〉，收錄於梁佳俊，鄭宏泰，《澳門對外關係：區域整合與交流》（香港：中文大學香港亞太研究所，2016年），頁83－84。

葡語國家和它們的銀行和中資銀行共同參與。[24]

中國銀行澳門分行表示，自2015年起，澳門對葡語國家銀行的人民幣清算量達138.9億元人民幣。[25]通過為葡語國家銀行提供人民幣清算服務，澳門可擔負起大陸與葡語國家人民幣清算中心的角色，為人民幣在葡語國家的推廣和使用提供便利，特別是促進人民幣在中葡貿易間的廣泛使用，可助推人民幣國際化，同時接合北京對澳門的定位，成為葡語國家人民幣清算中心和中葡合作發展基金總部。隨著澳門以及大陸與葡語國家金融合作的深化，澳門有機會建設成為中國與葡語國家金融服務中心，提供中國與葡語國家外匯結算、企業融資擔保、企業經貿合作的信用保證等多種金融服務。[26]

主動尋求建立具有國際標準的商業模式和合作框架。緊抓一帶一路建設的機遇，利用澳門在法律制度、市場規則及語言文化等方面與東盟國家聯繫緊密的優勢，積極提供法律、會計、金融等專業服務，推動、參與或發起建立針對一

---

[24] 司徒荻林，〈澳門參與「一帶一路」建設的機遇〉，載於澳門特別行政區政府政策研究室、澳門基金會、思路智庫主編《「一帶一路」與澳門發展》，頁127。

[25] 參見《中國－葡語國家經貿合作論壇》網頁，http://www.forumchinaplp.org.mo/boc-yuan-macau/?lang=tw。

[26] 郭永中，〈澳門建設中葡商貿合作平台的戰略思考〉，《理論學刊》，第10期，2011年，頁64－68。

帶一路政策目標的多邊金融機構、投資基金、行業組織或爭議處理機制，與中國相關主管部門共同構建一套行之有效的多邊參與、產權及投資保護機制，在支持中國提高區域內金融監管影響力的同時，相應地提高澳門的地位和重要性。[27]

此外，為提升人民幣的國際化，中國大陸希望透過一帶一路的策略性發展讓人民幣成為強勢貨幣。人民幣國際化是公共產品之一，順應市場需求，鞏固人民幣國際化的成果，鼓勵企業和銀行參與跨境人民幣業務，為拓展人民幣服務空間提供宏觀保障和技術支援。[28]

二、區域經濟整合的輔助角色

全球對出口產品量的需求下降，「緩成長」是目前中國大陸經濟發展的「新常態」。中國政府因此將產業政策的重心，逐漸引導至注重生產技術優化、注重產品與服務創新的「投資導向型」產業，引導產業轉型。為了加強區域經濟平衡，中國政府實施擴大基礎建設的計畫，一帶一路不啻是中

27 李雁玲、盛力，〈以「一帶一路」建設為契機，推動澳門新發展的戰略策略研究〉，載於澳門特別行政區政府政策研究室、澳門基金會、思路智庫主編《「一帶一路」與澳門發展》，頁180。

28 李婧，〈人民幣國際化與「一帶一路」建設：公共產品提供的視角〉，《學海》，2016卷，第1期，頁125。

國大陸經濟發展的大戰略，亦是加強與週邊區域合作的重要方針。

中國社會科學院中國邊疆研究所副所長李國強表示澳門在一帶一路特別是「海絲」具有不可替代的作用：首先是橋樑優勢，這邊指的是與葡語國家聯繫的優勢；其次是旅遊資源優勢，是澳門順應世界休閒產業發展趨勢的必然。三是歸僑，四是與大陸聯繫緊密度強的優勢，借助粵港澳大灣區建設，橫琴島開發建設、澳門－珠海通關便利等一系列利多，強化澳門與中國大陸的合作關係。[29]2017年，一帶一路國際合作高峰論壇在北京舉行，中國國家發展改革委員會官員亦提及到，香港及澳門是一帶一路建設的重要力量，港澳在人才、文化及金融服務業的明顯優勢，因此特區政府也派代表團出席論壇期間的高級別會議。

綜合以上所述，澳門的「中介」角色的獨特性是其他國家所無法替代。

中國大陸領導人習近平在2013年9月和10月分別提出建設「絲綢之路經濟帶」和「21世紀海上絲綢之路」的戰略構想，是中國大陸主席習近平統籌中國國內及國際兩個大局，

---

[29] 〈專家認為澳門在「一帶一路」戰略中有四優勢〉，《新華網》，2015年06月24日，http://www.xinhuanet.com/gangao/2015-06/24/c_1115713667.htm。

順應地區和全球合作潮流，契合沿線國家和地區發展需要，立足當前、著眼長遠提出的重大倡議和構想。[30]對中國大陸而言，一帶一路是經濟策略也是政治策略，從國際關係發展的角度來看，中國大陸希望深入參與區域合作進程，推動亞洲發展和安全並且提升中國大陸在東亞的影響力，另一方面中國大陸也希望將大陸的市場推向更制度化的國際平台，中國大陸希望通過一帶一路在經濟、外交、軍事的戰略布局，企圖反制美國戰略「圍堵」的主張，回應美方「跨太平洋戰略經濟夥伴關係協定」對大陸的制衡，因此一帶一路所體現的不僅是經濟性的戰略，更是政治性的戰略。[31]王文誠表示：一帶一路推陳目的在於「對發達國家特別是發展中國家的基礎設施進行大量投資」，地理擴張，以延緩中國的經濟危機。[32]

一帶一路不是一個實體和機制，而是合作發展的理念和倡議，一帶一路是內外經濟包夾的大戰略，對外，是促進外國投資及尋求合作的經濟型戰略，透過經濟的連結與歐亞大

30 〈盤點：習近平對「一帶一路」倡議的重要論述〉，《人民網》，2016年2月12日，http://world.people.com.cn/n1/2016/0212/c1002-28119992.html。

31 蔡志銓，〈中共推動「一帶一路」的戰略意涵〉，《國防雜誌》，第30卷，第6期，頁29。

32 王文誠，〈「一帶一路」大戰略：政治經濟地理學的分析〉，《公共事務評論》，第16卷1期，2016年，頁27。

陸進行實現共建基礎建設、金融聯貸、技術合作、市場分享的目標，以促進投資。對內，一帶一路戰略的本質就是要輸出內部過剩的產能與多餘的外匯，以向西輻射的方式打通陸路及海上的新興市場，奠定在區域經濟中的核心地位。王信賢、邱韋智表示：交通問題是建設一帶一路的首要戰略。第二，一帶一路不只希望解決大陸產能過剩問題，更希望將中國大陸打造成區域經濟的核心，「絲路基金」與「亞投行」使用人民幣，將進一步使人民幣成為區域的強勢貨幣，與美元和歐元分庭抗禮。[33]

澳門融入一帶一路的戰略有其先天上的優勢和劣勢，澳門已經進入高速投資期，投資資金的來源亦會受到中國金融政策，或國際融資問題等因素制約。[34]澳門的產業發展長期以來離不開北京對澳門的支持，也因此澳門如何在粵澳合作中凸顯自身的影響性及優勢，澳門是一個自由經濟體，但自身的經濟規模過小，澳門必須重視區域合作，提升澳門的發展優勢，從區域合作的層次上出發，更有助於澳門與周邊國家及其他區域的合作。按中國「十二五」規劃、《珠江三角

---

33 王信賢、邱韋智，〈「一帶一路」：戰略意涵與內部資源爭奪〉，《戰略安全研析》，第118期，2015年，頁14。

34 曾志敏，〈一帶一路大戰略及其給澳門帶來的新機遇〉，《澳門月刊》，第220期，頁40。

洲地區改革發展規劃綱要》、《粵澳合作框架協定》以及CEPA等發展方向，澳門特區政府積極推動建設世界旅遊休閒中心和加快發展中國與葡語國家商貿合作服務平台，積極參與區域和國際合作，加強與葡語國家合作等。特區政府多個部門包括中國與葡語國家經貿合作論壇常設秘書處輔助辦公室、澳門貿易投資促進局、經濟局、旅遊局、文化局及民政總署等，長期以來致力於中國、澳門和葡語國家合作服務平台工作。[35]

---

[35] 《中國－葡語國家經貿合作論壇（澳門）常設秘書處》，http://www.forumchinaplp.org.mo/about-macao/platform-of-macao/?lang=tw。

第五章

台灣與澳門在一帶一路戰略下的發展與機會

第一節　台灣如何藉一帶一路戰略對外發展

一帶一路戰略以中國官方投資為主軸，透過提供貸款的融資方式興建大型工程，此外，開發資金主要來自於中國主導的亞洲基礎設施投資銀行（亞投行）、絲路基金等，融資機構主要包含中國進出口銀行、國家開發銀行、中國外匯儲蓄、中投公司等。東協國家也各自與中國發展一帶一路計畫，東協十國皆已和中國簽署諒解備忘錄或是相關計畫協定，並全數加入亞投行57個創始會員國的行列。[1]

中國國家主席習近平非常強調對外開放市場、推動制度化國際經合、鼓勵多邊機構參與投融資等。這表明中國大陸主政者已顯著調整一帶一路建設計畫屬性，不再將其作為中方融資灑錢、擴張勢力範圍的憑藉，而是讓其轉為國際互利互惠之重要平台。大陸推動一帶一路建設的模式，未將一帶一路定位為多邊自由貿易協定組織，而強調其是廣泛「朋友圈」，可以進行多元化的政經社協調共進，惟大多是一對一

1　荊柏鈞，〈當美中積極競逐區域經濟與戰略影響力時，東南亞各國該如何回應？〉，《關鍵評論》，2019年5月2日，https://www.thenewslens.com/article/118088。

的雙邊協議。台灣方面則因近年因兩岸政治矛盾，始終和一帶一路搭不上線，僅有部分台商運用大陸歐亞海陸運輸線運送貨物，或投標一帶一路建設項目，與台灣在地則無關聯。然而，未來若一帶一路蔚成國際經貿主流，連西方國家也紛紛接納，則台灣工商界必有與其「聯網」需求，如盼兩岸在台共建運輸物流基地，或雙方聯手運營歐亞非商貿等。[2]

短期而言，是一帶一路的經濟效益與商機，台灣幾乎無法分享；長期而言，如果一帶一路成功整合這些區域內的經濟體，形成一個「準區域經貿組織」，被排除在外的台灣，其經貿邊緣化的壓力與影響將更大。[3]

大陸國台辦發言人馬曉光表示：「廣大台灣業者也在一帶一路建設中直接受益。一些台資企業生產的產品利用中歐班列運往歐洲，為相關業者拓展了更大市場，並開闢了穩定高效的物流新渠道。此外，一些台資企業與大陸企業合作，通過提供電機裝置和配套服務，在一帶一路沿線多個國家共同參與燃煤電廠、聯合迴圈電站等基礎設施項目建設。還有一些台資銀行與大陸銀行開展合作，提供項目融資，為台資

---

[2] 〈一帶一路務實前行，台灣遲早聯網〉，《工商時報》，2019年4月30日，https://www.chinatimes.com/newspapers/20190430000219-260202?chdtv。

[3] 〈風評：台灣冷眼看「一帶一路」，機會？風險？〉，《風傳媒》，2017年5月16日，https://www.storm.mg/article/266769。

銀行帶來更多業務。他表示，將繼續鼓勵和支援台資企業與大陸企業合作參與一帶一路項目建設，不斷擴大兩岸經貿交流合作的範圍和領域。」[4]

大陸商務部台港澳司司長孫彤2017年12月1日指出，一帶一路建設不僅會給沿線國家和地區的共同發展帶來巨大機遇，也將給兩岸企業間的合作與共同發展帶來新的商機。新華社報導，孫彤表示，在一帶一路的機遇上，台商一方面可以發揮技術優勢和敏銳市場洞察力，找到一帶一路貿易暢通方面合適的切入點。孫彤指出，今年9月，大陸商務部會同國台辦及國家發改委共同推動在廣西授牌成立海峽兩岸產業合作區，為台資企業在大陸發展特別是參與一帶一路建設提供更大空間。孫彤表示，大陸將持續改善營商環境，加大服務台商力度。大陸商務部將貫徹落實十九大報告精神，本著「兩岸一家親」理念，研究出台相關政策措施，逐步擴大台資企業與大陸企業同等待遇的範圍。他稱，大陸商務部還將結合對台工作和對外開放需要，逐步解決台資企業投資過程中涉及的具體訴求，特別是優先考慮實施不涉及市場准入的

4 〈中國國台辦：廣大台灣業者在「一帶一路」建設中直接受益〉，《新頭殼》，2018年10月17日，https://newtalk.tw/news/view/2018-10-17/153819。

優惠待遇，給予台資企業更多便利。[5]

台灣現代服務業比較成熟。台灣的現代服務業優秀品牌有3000多家，而大陸僅有150家左右。由於航運業和物流業發達，台灣致力於「貿易暢通」，潛力很大。另一方面，台灣企業有豐富的海外投資經驗和產業轉移經驗，熟悉國際法律、慣例，在發展中國家享有良好聲譽。隨著一帶一路建設的推進，必然會有更多中國優質產能「走出去」，在此過程中可以與台企合作，聯合投資，學習其處理國際業務的經驗，而台企也可抓住機遇，深化在全球的產業佈局，提高在全球產業鏈上的優勢，兩岸優勢互補，爭取雙贏。[6].

台灣相比大陸在人文底蘊和文化習慣的基礎上營造了更多元的文化環境，同時又具有深厚的中華文化底蘊，這無疑使台灣成為在一帶一路沿線國家和地區進行文化交流的重要視窗。台灣可充分利用其科技研發創新、文化創意、電子商務、旅遊業等優勢，與沿線國家和地區開展廣泛的文化交流、學術

---

5 尹章華、黃信瑜，〈一帶一路台灣參與及爭議處理之探討〉，《台灣法律網》http://www.lawtw.com/article.php?template=article_content&area=free_browse&parent_path=,1,4,&job_id=248932&article_category_id=16&article_id=156500。

6 汪芳洲，〈「一帶一路」：台灣的機遇、挑戰與舉措〉，《新華澳報》，2017年8月5日，http://www.waou.com.mo/news_h/shownews.php?lang=cn&id=22308。

往來、人才交流合作以及一帶一路特色旅遊專案。加工製造環節在產業鏈中是附加值最低且最消耗資源、破壞環境的一環，加之台灣資源少，市場規模有限，基礎產業技術積累薄弱，製造業亟需轉型升級，拓展海外市場。台灣勢單力薄，如能與大陸製造業深入合作，發揮各自優勢，形成合力，必將在蕭條的困局中力挽狂瀾。一帶一路戰略的實施為此提供了現實平台和機遇，台灣可以加強與大陸的科技合作，共同建設研發中心，共同開發自主核心技術，實現製造業的全面升級，創立中華品牌，同時可以將兩岸製造業的分工合作延伸到一帶一路沿線國家，擴大國際市場和發展空間。[7]

對中國大陸而言，與台灣民眾分享大陸改革開放取得的成果、共同為中華民族偉大復興事業作貢獻是大陸的既定政策。大陸一帶一路建設並未忘記台灣，在相關規劃中作了許多安排，充分體現大陸方面照顧台灣、分享大陸改革發展成果的誠意。對於台灣而言，參與一帶一路建設是推動其經濟發展的好機會，也是在兩岸經濟差異縮小、競爭面加大形勢下，兩岸通過共同合作，在經濟的區域化與全球化之中協調

[7] 朱小雪、劉少華，〈一帶一路：台灣融入的機遇、挑戰及對策〉，《中國高校人文社會科學資訊網》，頁3，https://www.sinoss.net/uploadfile/2017/0222/20170222095502958.pdf。

各自的產業發展布局，讓兩岸經濟有更為廣闊的發展空間。如果蔡英文總統當局認同九二共識，則兩岸有了共同的政治互信基礎，台灣在一帶一路建設中的作用會發揮得更好，因為兩岸官方可以在政策面進行頂層設計與協調，這對兩岸經濟尤其是台灣經濟的繁榮發展意義重大。[8]

[8] 劉國奮，〈大陸一帶一路倡議與台灣新南向政策之比較分析〉，《台灣中評網》，2018年5月5日，http://www.crntt.tw/doc/1050/2/9/6/105029624.html?coluid=7&kindid=0&docid=105029624&mdate=0528135821。

第二節　澳門藉一帶一路戰略作為兩岸中介

壹、現今兩岸關係下台灣與澳門合作可行性

長期以來，台灣將澳門和香港視為中國大陸以外的第三地，「一國兩制」的特殊性為澳門提供對外發展的契機，澳門的微型經濟使得澳門的經濟對中國大陸產生依賴性，但因歷史及文化的特殊性使得澳門能成為對外的重要平台。「獨立關稅」及「國際自由港」吸引上百個國家願意與澳門經貿往來，其中以葡語系國家和歐洲國家為多，對台灣而言，澳台的經濟往來雖然沒有兩岸經濟熱絡，但澳門與中國大陸、葡語系國家之間的連結是台灣可以考慮的合作對象。

從政治面向來看，澳台關係與兩岸關係相互關聯，兩岸關係和緩，澳台關係相對和緩，但一旦兩岸關係出現緊張情勢，澳台關係就會產生變化。民進黨執政以來，台灣曾經一度期待在兩岸關係緊張之際，澳門能夠成為兩岸關係間的「潤滑劑」，然從這幾年澳門對台態度，可以發現，澳台關係比兩岸關係更加敏感。

從經濟面來看，澳台之間的貿易量小，2018年台灣與澳

門貿易總額為1.24億美元，台灣對澳門出超1.15億美元。澳門來台投資件數為37件，總金額為503萬美元；而台灣赴澳門投資的件數則只有五件，總金額為84萬美元。2017年台灣赴澳門投資件數甚至掛零。[9]這樣的數據可以看出，澳台間的投資往來並不密切，可以說許多台商通過澳門是為了往中國大陸進行更多的商業行為而非留在澳門，這樣的情況從上述的數字中便可得到相當程度的反應。但在另一方面，台灣每年來澳門旅遊的遊客佔全澳門旅客的大約3%，並皆超過100萬人次。[10]可見在澳台兩地投資往來尚為不多的情況下，澳台兩地主要是依靠旅客的交流。

貳、澳門帶給台灣的示範作用

由此可見，澳門要作為對台進行一國兩制宣傳的橋頭堡，則必須從上述兩方面做起。首先，澳台的投資往來不密切的很大原因是澳門本地的市場狹小，較難引起台灣方面的投資興趣，但作為一個特別行政區更因展現出特殊的一面，以特殊的地位吸引台商來澳設立公司後以澳門企業的身

---

9 〈台灣澳門投資件數、金額落差大〉，《聯合報》，2019年6月8日，https://udn.com/news/story/7238/3860556。

10 請見澳門《統計普查局統計數據庫》，https://www.dsec.gov.mo/TimeSeriesDatabase.aspx。

分前往大陸。在未來粵港澳大灣區加快腳步進行整合，並藉由大陸與港澳深度整合，帶給台灣產生示範帶動效應。賦予粵港澳發展規畫新政治內涵，給台灣未來兩岸統一的「一國兩制」作示範，大灣區最大期待是制度上的突破。廣東、香港、澳門分屬兩種制度、三個關稅區、三種貨幣，從經濟到社會、司法，制度上有很多不同。透過優質生活圈建設，比如，港澳居民可更方便在廣東就業、買房、就醫、上學，有利港澳地區民眾「更加真切地感受到祖國大陸，增進認同」。一旦港澳深度整合見成效，將帶給台灣示範效應。[11]

第二，吸引更多的台灣遊客來到澳門甚或是鄰近的粵港澳大灣區旅遊、就業、就學。承上，目前每年已有超過百萬的台灣人士前來澳門，無論來澳的目的是旅遊或是路過澳門前往大陸，或多或少都能體驗到澳門繁榮的一面。而這便是目前台灣在經濟發展上面臨瓶頸的時候，澳門最能帶給台灣的經濟示範作用。澳門除了以博彩業快速發展致富聞名全球之外，目前由中國國家主席習近平親自謀劃、親自部署、親

---

11 〈習推動粵港澳大灣區對台示範兩制〉，《世界日報》，2019年3月8日，https://www.worldjournal.com/6168040/article-%E7%BF%92%E6%8E%A8%E5%8B%95%E7%B2%B5%E6%B8%AF%E6%BE%B3%E5%A4%A7%E7%81%A3%E5%8D%80-%E5%B0%8D%E5%8F%B0%E7%A4%BA%E7%AF%84%E5%85%A9%E5%88%B6/。

自推動的粵港澳大灣區國家級戰略，也可藉由澳門給台灣最直接的感受。粵港澳大灣區的建設不是紙上談兵，而是真真正正的改善了澳門居民提供更多的生活以及就學就業的便利，而未來台灣或可融入福建的海西經濟區，從而讓台灣提供更多的發展機遇，而這便是在兩岸尚未統一前澳門可以作出最好的示範角色。

第三，在一帶一路的主題下，澳門作為兩岸中介角色的地位更顯得明正言順。眾所周知的，近日香港發生的事件已嚴重影響到香港的經濟發展以及社會穩定。在一海之隔的澳門，並無出現這樣的問題。澳門的政經情勢可說非常穩定，這是澳門一個非常重要的資產，沒有任何企業家會願意在一個政經環境不穩的地方進行投資。澳門有別於中國大陸經濟制度，有其背景優勢，在一帶一路的經濟合作下，學習葡語已逐漸成為一股風潮，澳門是一個中西文化並存的地方，也是中國大陸和葡萄牙之間的合作橋樑，也是與葡語國家的對話窗口。與葡語國家交流是澳門的重要使命，也是其他地區無法勝任的工作。中葡論壇舉辦至今，澳門和葡語國家之間的貿易總額不斷上升，此外，澳門也是與葡語國家進行金融服務、雙語合作的重要平台。而作為中葡貿易平台的澳門，也是面向一帶一路葡語國家的重要平台，全球化發展以來，每一個國家都希望在市場上成為重要的角色，但是這幾年隨著貿易保護主義的興起，許多國家透過簽訂FTA，藉由參加區域合作擴大自身的影響力，對中國大陸而言，葡萄牙是中國大陸在歐洲的重要夥伴，而「葡萄牙語」及「澳門」的特殊背景便是鞏固澳門作為一帶一路戰略通往葡語國家的橋頭堡，從而提供台商一個更穩定且寬廣的營商空間。

中國的境外合作區戰略及其模式比新加坡要更加複雜。其中一些境外合作區也是在按照區域全球化的方式，把中國的產業集群乃至生產方式整體複製到勞動力或原材料成本更低、距離市場更近的地方，在這些地方極力營造相對獨立和封閉的母國環境，減少區內企業的環境適應成本。這種方式在一些地方取得了成功，在另一些地方卻因為本地化取向的缺失，造成了園區與當地社會的對立，甚至讓園區及駐在企業成為當地資源民族主義、環保主義或極端主義勢力的侵害對象。

也有一些境外合作區採取了全球本地化的戰略取向，即通過跨國網絡支持和迎合東道國的本土需要。這種做法不乏成功的案例。但問題在於，正如朱鎔基總理所擔憂的那樣，一些國家和地區的投資環境不良，法律法規不健全。如果一味迎合本土習慣，園區投資和管理當局可能面臨與母國法律存在衝突的困境。此外，無原則地向不善的環境妥協，甚至利用當地法律法規的漏洞牟利，勢必要結好取悅於當地權勢人物，這就極可能與廣大民眾的利益相悖。短期來看，園區及駐在企業可能獲得超出平均利潤率的好處，但中長期看，一旦政治氣候發生波動，不但園區和企業的利益將受到嚴重損害，中國的國家形象和利益也可能因此蒙垢。[12]

---

[12] 馮維江、徐秀軍，《一帶一路邁向治理現代化的大戰略》（北京：機械工業出版社，2016年），頁200-201。

第六章

澳門做為兩岸關係的新平台

第一節　澳門如何發揮特殊性

經過長時間的觀察研究發現與研究目的相結合後，可以發現以下幾點的具體內容。一帶一路戰略可說是近年來大陸對外發展最重要的國家級戰略，除了將大陸經濟剩餘的產能最更有效的利用外，也將「中國製造」概念向海外輸出，無論是大陸的基建能力抑或是經濟發展的經驗等。反觀台灣方面，在經過了十數年的經濟不振之後，近來開始推行「新南向政策」，試圖從有地緣關係的東南亞國家開始重新拓展對外貿易，重振台灣的經濟。但這便和大陸的一帶一路戰略出現了重疊，在「兩岸一家親」的觀念下，兩岸間相互合作共創雙贏應是雙方最有利的選擇，但遺憾的是台灣迄今並未如此做，以至於兩岸關係自2016年以來便出現了冰凍的情況。

壹、澳門做為台灣加入一帶一路的中介角色

兩岸政治的不確定性，澳門政府可依實際狀況調整與台灣之間的關係，藉由多元的合作面向，積極融入一帶一路建設。至於澳台如何合作？從台灣的角度來看，本文認為在「十三五」計畫的大框架下，一帶一路建設是全球各國積極

參與的目標，如果兩岸無法明確合作方向，那麼台灣的企業自然會因應生存而自尋出路。澳門無論在回歸前後都具有特殊的政治角色與地位，對於大陸而言，澳門是一個特別行政區，無論在社會制度與關稅領與都與大陸有所不同；對於台灣而言，澳門是一個有別於大陸的法律適用地區，澳門適用的是「港澳人民關係條例」而非在大陸適用的「兩岸人民關係條例」。

台灣的《香港與澳門關係條例》相對與中相對與大陸的規定更為寬鬆，將港澳地區及人民視為大陸管轄下的特別地區，並不將與大陸相關的規定一體適用於港澳。準此，在兩岸雙方都將澳門視為一個有別於對方的特殊地區，因此澳門便能在兩岸上扮演橋梁或中介的角色。二十一世紀前十年的澳門，在兩岸間出現了「澳門模式」的特殊性，而至今已是二十一世紀的第二即將進入第三個十年，嶄新的「澳門模式」便應該結合一帶一路戰略的重新賦予新使命。此外，隨著東南亞經濟實力逐漸崛起，澳台兩地，或許可藉由多元的文化、宗教、經濟、醫療等多方合作在一帶一路的大戰略之下共創雙贏。

貳、澳門藉世界旅遊休閒中心的地位與台灣共享旅遊業的合作

澳門地域狹小，要建設世界旅遊休閒中心以粵港協同發展最為重要，近幾年澳門的觀光發展無論在旅遊人數上，還是澳門自身的軟、硬體建設都有明顯的增長。

澳門目前的客源多以中國大陸遊客居多，其次為香港及台灣。長期以來，海外旅遊團多將粵港澳或港澳旅遊當成同一個路線，受到香港事件影響，海外遊客紛紛取消行程或改變行程，但此事件也間接影響旅客遊澳的意願。澳門的發展離不開周邊的資源，更難以脫離與粵港兩地的合作。從長遠的角度來看，澳門需要發展多元化的旅遊產業。在粵澳兩地旅遊業的探索下「一程多站」，提升澳門旅遊產業適度多元化發展都是目前澳門正在積極發展的產業契機。本文認為澳門建設世界旅遊休閒中心，要立足周邊，更要拓展亞洲各國的客源。

兩岸關係儘管仍陷於低迷，然澳台的民間關係早有廣泛的交流，作為兩岸關係的重要平台，澳門與台灣在民間交流上仍需要鞏固，推動民間經貿交流，創造雙贏局面。澳門與台灣的合作與粵港澳的合作不同，澳台兩地的旅遊合作應該

建立在具體及可行的面向上。面對觀光旅遊的快速發展所帶來的經濟效益及環境的衝擊，澳台可建立旅遊資訊分享平台。第一，提升民間旅遊文化的交流，澳門有創意城市美食之都的稱號，而台灣在文化，在國際觀光及美食市場上佔有重要的一席之地，澳台兩地多加交流美食資源，分享交流經驗。第二，共享旅遊資源主題旅遊及行銷宣傳之基石。第三，共同建立人力資源培訓平台。澳台受中華文化影響，有共同的歷史淵源和人文脈絡，吸引全球遊客的旅遊文化。澳門正研究發展更多適合國際市場的「一程多站」旅遊路線，吸引國際旅客，面對亞太地區旅遊資源的競爭，台灣除了持續增強自身的旅遊資源，也應該與周邊區域、國家分享旅遊資源以利提升旅遊競爭力。

參、澳門扮演中葡國家的平台角色

澳門自古以來是一個中西文明交匯之地，獨特的葡萄牙背景是中國與葡萄牙連結的重要平台。2003年10月，北京中央政府牽頭在澳門創立「中國－葡語國家經貿合作論壇（澳門）」（簡稱「中葡論壇」）。2013年中葡論壇第四屆部長級會議上提出初步確立澳門作為中葡平台的角色。澳門中葡平台的發展主要圍繞「三個中心」，包括「中葡中小企業商貿服務中心」、「葡語國家食品集散中心」和「中葡經貿合作會展中心」。中國政府支持澳門特區政府建設中葡中小企業商貿服務中心、葡語國家食品集散中心和中葡經貿合作會展中心；同時推出新八項措施支持葡語國家發展，其中包括建立中國與葡語國家雙語人才、企業合作與交流互動信息共享平台。

2015年8月中國同意澳門運用葡語國家的優勢，以人民幣清算像葡萄牙國家提供服務，便利於該行通過澳門平台辦理中葡人民幣清算業務。中國銀行已在包括葡萄牙、巴西和安哥拉在內的40多個國家、地區設有600多個分支機構。[1]為提升澳門在中葡平台中的角色，中葡合作發展基金總部落戶澳門。中葡平台將作為中國與葡語國家和企業聯手參與一帶一路，提升澳門作為中國與葡語國家商貿合作金融服務平台的作用。[2]

2016年澳門發布的《澳門特別行政區五年發展規劃（2016－2020）》中指出，澳門將推進「一個平台」的建設升上新層次。2017年推動央企攜手澳門企業走進葡語國家，

---

1 〈中國銀行澳門分行－採訪〉《Macauhub》，2016年10月9日，https://macauhub.com.mo/zh/feature/macao-can-enhance-its-role-as-a-financial-platform/。

2 〈中葡合作發展基金總部落戶澳門〉，《新華網》，2017年6月1日，http://www.xinhuanet.com/gangao/2017-06/01/c_1121072032.htm。

參與一帶一路建設，澳門舉辦中葡平台建設高峰會，高峰會的目的在於推動中國大陸企業走向葡萄牙語系國家，共建一帶一路平台，中國企業發揮自身優勢向葡語國家提供資源及自身優勢並為自身創造更多更好的條件。

澳門特區政府成立以來，澳門與葡語國家在經濟及政治上的關係均有亮眼的表現，2002年，當時中國與葡語國家進出口商品總值為60.56億美元。2017年達1175.88億美元。2018年月中國與葡語國家進出口商品總值1473.54億美元，同比增長25.31%。其中中國自葡語國家進口1055.07億美元，同比增長30.24%；對葡語國家出口418.48億美元，同比增長14.40%。[3]其中澳門與葡語國家貿易總值同樣錄得25%增長。

從政府合作項目來看，第一屆部長級會議宣佈的7個領域，增加到第七屆部長級會議宣佈的18個，涵蓋政府、投資、貿易、農林牧漁、人力資源、文化、衛生、金融等傳統與新型領域。澳門一平台的功能性已有成效，首先無論在部長級對話、青年企業家論壇、會展會議合作等，中葡交流都已有較為成熟的合作。澳門現在正朝向服務大陸企業及葡萄

3 〈2018年1－12月中國與葡語國家進出口總額1473.54億美元〉，《中國－葡語國家經貿合作論壇（澳門）常設秘書處》，2019年1月30日，http://www.forumchinaplp.org.mo/trade-between-china-portuguese-speaking-countries-nearly-us147-4-bln-in-2018/?lang=tw。

牙企業為發展主軸。第二，澳門大學、澳門理工學院、澳門保安部隊高等學校、澳門科技大學、澳門城市大學、聖若瑟大學等六所院校組成了「培養中葡雙語人才工作小組」。正圍繞葡語師資培訓、教學與研究、對外漢語教育及中葡旅遊專業人才培訓等開展各項國際合作計劃。第三，中葡正在進行各領域的交流，葡萄牙語作為世界上第五大語言，其母語使用者超過兩億。

隨著一帶一路倡議的推進與深化，葡萄牙語人才的需求量日益增加。

中葡合作也期盼在一帶一路發展下，探索更多的合作路徑。2017年中共中央工作政治報告，研究制訂《粵港澳大灣區城市群發展規劃》提升澳門對外的經濟功能是支撐澳門多元化發展及帶領葡語國家企業融入一帶一路策略的重要策略，過去幾年澳門利用自身的獨特優勢使自身更順暢地流入中國發展戰略中。

第二節　澳門可扮演更積極的角色

壹、「十三五」規劃中，持續了澳門一國兩制的地位，澳門仍可憑藉制度優勢發揮所長

「十三五」規劃在內文中強調：中國大陸將持續深化與港澳和台灣地區的合作，將支援澳門建設世界旅遊休閒中心、中國與葡語國家商貿合作服務平台，促進澳門經濟適度多元可持續發展。未來將加大中國大陸對港澳的開放性，也將加快前海、南沙、橫琴等粵港澳合作平台建設。加深大陸同港澳在社會、民生、科技、文化、教育、環保等領域交流合作。深化泛珠三角等區域合作。[4]

學者楊允中認為，「十三五」規劃建議中有關港澳部分的闡述，為港澳地區在中國發展中需承擔的責任作出了部署。「責任」包括「發展經濟、改善民生、推進民主、促進和諧」等特區自身的成長，也包括發揮各自優勢，進一步助

[4] 〈授權發佈：中共中央關於制定國民經濟和社會發展第十三個五年規劃的建議〉，《新華網》，2015年11月3日，http://news.xinhuanet.com/fortune/2015-11/03/c_1117027676_6.htm。

力中國經濟發展，特別是改革開放大局。[5]中國商務部國際貿易經濟合作研究院副院長李光輝指出，「十三五」對港澳的發展目標在於提升中國大陸和港澳合作發展，提升港澳在中國經濟發展和對外開放中的地位和功能，支持港澳發展經濟、改善民生、推進民主、促進和諧。而自貿區建設是推動中國大陸與港澳深度融合的重要舉措，對促進粵港澳深度合作、提升港澳的國際競爭力、構建開放型經濟體等具有重要意義。[6]學者龐川表示：十三五建議中涉港澳內容的重要關鍵詞。就澳門來說，「提升」有兩方面含義：一方面是自身實現多元、可持續發展，另一方面是要在中國改革開放中所發揮的作用進一步提升。[7]

貳、「十三五」規劃與一帶一路可同時開展

時任澳門特首崔世安表示，澳門已經向北京提交了有關澳門特區參與中國「十三五」規劃的建議文本，明確表達了

---

5 〈專家解讀十三五澳門機會〉，《新華社》，2015年11月11日，http://news.xinhuanet.com/gangao/2015-11/11/c_1117111947.htm。

6 〈促進澳門經濟可持續發展－專家解析十三五為澳門帶來巨大機遇〉，《中國政府網》，2015年11月5日，http://www.gov.cn/zhengce/2015-11/05/content_2961046.htm。

7 〈專家解讀十三五澳門機會〉，《新華社》，2015年11月11日，http://news.xinhuanet.com/gangao/2015-11/11/c_1117111947.htm。

希望積極參與一帶一路建設的意願。[8]時任全國人大常委賀一誠表示，一帶一路開始階段會由北京中央政府投資基建，澳門政府現時應多作研究，在參與一帶一路上，應該加強平台角色。[9]另外，時任社會文化司譚俊榮也曾表示，澳門自古是海上絲路最後一個城市，中國的貨物由澳門運往歐洲，地位很重要。一帶一路對澳門是無與倫比的機會，應不限於經貿、旅遊，當中還有文化等重要角色。[10]

中共中央政治局常委、全國人大委員長兼港澳工作協調小組組長張德江指出，中國正在制訂「十三五」規劃、推進一帶一路建設、支持自貿區發展，希望澳門利用背靠祖國的優勢，發揮聯繫葡語國家的優勢，相信一帶一路和自貿區都可為澳門帶來新的發展機遇。[11]澳門立法會議員龐川表示，「十三五」規劃延續了對「一國兩制」方針基礎地位的認定，此同，一帶一路戰略以及自貿區建設等方面的新內容。

---

8 〈澳門將全力參與一帶一路建設〉，《人民網》，2015年3月29日，http://military.people.com.cn/BIG5/n/2015/0329/c172467-26765545.html。

9 〈一帶一路澳宜加強平台角色〉，《澳門日報》，2016 年2月22日，第A03版。

10 〈譚司：一帶一路機會無與倫比〉，《澳門日報》，2015 年12月5日，第B02版。

11 〈張德江：開創一國兩制新局面〉，《澳門日報》，2015 年10月14日，第A03版。

說明中國大陸對港澳的期望和要求。[12]

「十三五」規劃及一帶一路的戰略對澳門都是一個發展契機，曾志敏在〈『一帶一路』大戰略及其給澳門帶來的新機遇〉一文中表示，澳門擁有極佳的地理及僑胞優勢，尤其與東南亞地區經貿往來密切，大可繼中國與葡語國家商貿平台後，再借一帶一路的東風，打造成中國與東南亞國家經貿合作服務平台，直接參與中國發展戰略中。[13]學者楊道匡表示，根據基本法，澳門可以在經濟、貿易、金融、航運等領域，以「中國澳門」的名義單獨同世界各國、各地區及有關國際組織保持和發展關係，簽訂和履行有關協議。[14]時任澳門經濟財政司司長梁維特表示，澳門與各個自貿區的合作，會有不同的獨特性，需體現優勢互補。故此，他希望經過更強的溝通和更多的了解後，可以盡快落實合作，梁維特進一步說明，自貿區與澳門特區的獨特平台加起來的效應如何，如何融入中國一帶一路的發展戰略等是澳門未來所積極從事的方向。[15]

---

12 〈專家解讀十三五澳門機會〉，《新華社》，2015年11月11日，http://news.xinhuanet.com/gangao/2015-11/11/c_1117111947.htm。

13 曾志敏，〈「一帶一路」大戰略及其給澳門帶來的新機遇〉，《澳門月刊》，第220期，頁41。

14 〈專家解讀十三五澳門機會〉，《新華社》，2015年11月11日，http://news.xinhuanet.com/gangao/2015-11/11/c_1117111947.htm。

15 〈梁維特：一帶一路及自貿區提供澳門經濟發展新機遇〉，《中國與葡語國家經貿合作論壇常設秘書處輔助辦公室》，2015年4月22日，http://www.

參、澳門除了中介外，可扮演更積極的角色

澳門憑藉著澳門資深成熟、對接國際的營商環境，加上澳門對葡語國家熟悉的程度，澳門企業、澳門政府在其中完全可以發揮關鍵作用。以跨境說自身的項目來看，澳門企業找到大陸一家較大的上市公司合作，其技術原本就在試圖對外輸出，但是在對外輸出時，面臨到沒有語言、沒有行銷環境的挑戰，如果單純要切入進去就需要耗費很大精力與成本，而澳門企業已經在該地深耕一段時間，可以快速地將現有管道、資源對接給大陸公司，因此不是我們單單去介紹一個商機，而是參與到整個合作開發專案中去，成為實際的合作方與主動的參與者，這不僅僅是創造了商業效益，更是對澳門企業的一種磨礪再成長，在合作中，澳門企業自身也得到不斷壯大，同時澳門企業也尋求到更多專業、國際化的技術或者後端支持，便於開發葡語其他國家乃至全球其他地區。[16]相同的理由，澳門不單單僅是兩岸間的中介角色，在

---

forumchinaplp.org.mo/practical-results-achieved-in-boosting-fujian-macao-co-operation/?lang=tw。

16 〈打破「中介」角色，澳企走出去〉，《澳門月刊》，2018年9月15日，http://www.macaumonthly.net/yuekan/renwuzhuanfang/2018-09-15/112886.html。

即將來到的新形勢下的兩岸關係中，在北京的授權下，澳門可以扮演參與者而不僅僅是旁觀者。

參考文獻

壹、專書

于洪君，2017。《「一帶一路」：聯動發展的中國策》。北京：人民出版社。

王義桅，2015。《一帶一路，機遇與挑戰》。北京：人民出版社。

王義桅，2016。《「一帶一路」：機遇與挑戰》。香港：中華書局。

王義桅，2017。《世界是通的：「一帶一路」的邏輯》。香港：三聯書店有限公司。

王義桅，2018。《「一帶一路」中國崛起的天下擔當》。北京：人民出版社。

向恒緯，2016。《中共「一帶一路」政策發展及對美關係影響之研究》。台北：淡江大學中國大陸研究所碩士論文。

李紫晴，2016。《習近平一帶一路的戰略思維》。台北：淡江大學中國大陸研究所碩士論文。

林健忠，2016。《一帶一路與香港》。香港：三聯書店。

柳智毅，2015。《澳門人才開發與培養研究》。澳門：澳門經濟學會。

柳智毅，2016。《澳門作為中國與葡語國家商貿合作服務平台的發展策略研究》。澳門：澳門經濟學會。
秦玉才、周谷平、羅衛東，2015。《「一帶一路」讀本》。杭州：浙江大學出版社。
張蘊岭，袁正清，2017。《「一帶一路」與中國發展戰略》。北京：社會科學文獻出版社。
張蘊玲、袁正清，2017。《「一帶一路」與中國發展戰略》。北京：社會科學文獻出版社。
梁佳俊，鄭宏泰，2016。《澳門對外關係：區域整合與交流》。香港：中文大學香港亞太研究所。
梁潔芬，盧兆興，2010。《中國澳門特區博彩業與社會發展》。香港：城市大學出版社。
陳旭曉、宮共，2016。《時事政治一本通》。北京：人民出版社。
馮並，2015。《一帶一路：全球發展的中國邏輯》。台北：高寶出版社。
馮維江，徐秀軍，2016。《一帶一路：邁向治理現代化的大戰略》。北京：機械工業出版社。
馮維江、徐秀軍，2016。《一帶一路邁向治理現代化的大戰略》。北京：機械工業出版社。
楊允中，饒戈平，2016。《國家「十三五規劃」與澳門的可持續發展——紀念澳門基本法頒佈23周年學術研討會論文集》。澳門：基本法推廣協會。
楊國樞、文崇一、吳聰賢等，1989。《社會及行為科學研究法》。

台北：台灣東華。

鄒磊，2016。《一帶一路：合作共贏的中國方案》。香港：三聯書店（香港）有限公司。

趙可金，2017。《大國方略「一帶一路」在行動》。北京：人民出版社。

趙磊，2018。《打通商脈與文脈「一帶一路」》。香港：開明書店。

劉衛東，2017。《「一帶一路」引領包容性全球化》。北京：商務印書館。

劉鋒、李明偉、杜學，2016。《「一帶一路」旅遊創新發展》。北京：旅遊教育出版社。

厲以寧、林毅夫、鄭永年，2016。《讀懂「一帶一路」》。北京：中信出版社。

羅金義、趙致洋，2018。《放寬一帶一路的視界－困難與考驗》。香港：中華書局。

貳、譯著

Crabtree, Benjamin and L. Miller, William著，黃惠雯譯，2002。《質性方法與研究》〔Doing Qualitative Research〕。台北：韋伯文化。

Kumar, Ranjit著，胡龍騰、黃瑋瑩、潘中道譯，2000。《研究方法：步驟化學》〔Research Methodology: A Step-by-Step Guide for Beginners〕。台北：學富文化。

Malaga, David著，張朋亮譯，<序言>，魏美昌編，2017。《全球化與澳門－澳門在亞太和拉美之間的對外平台角色》。澳門，北京：澳門基金會，社會科學文獻出版社。

參、專書論文

司徒荻林，2018。〈澳門參與「一帶一路」建設的機遇〉，澳門特別行政區政府政策研究室、澳門基金會、思路智庫主編《「一帶一路」與澳門發展》。澳門：社會科學文獻出版社。

李向玉，2018。〈充分發揮澳門在葡語國家參與「一帶一路」建設中的作用〉，澳門特別行政區政府政策研究室、澳門基金會、思路智庫主編《「一帶一路」與澳門發展》。澳門：社會科學文獻出版社。

李雁玲、盛力，2018。〈以「一帶一路」建設為契機，推動澳門新發展的戰略策略研究〉，澳門特別行政區政府政策研究室、澳門基金會、思路智庫主編《「一帶一路」與澳門發展》，澳門：社會科學文獻出版社。

柳智毅，2018。〈澳門在「一帶一路」建設與粵港澳大灣區城市群發展背景下的發展思路〉，澳門特別行政區政府政策研究室、澳門基金會、思路智庫主編《「一帶一路」與澳門發展》。澳門：社會科學文獻出版社。

馬志達，2016。〈中國與葡語國家及非洲的經貿合作：澳門的角色、發展和目標〉，梁佳俊，鄭宏泰，《澳門對外關係：區域整合與交流》。香港：中文大學香港亞太研究所。

中國國家信息中心「一帶一路」外貿大數據課題組，2018。〈中國與「一帶一路」沿線國家貿易合作進展〉，載於主編趙弘，副主編游靄瓊、楊維鳳、王德利，《中國區域經濟發展報告（2018）》。香港：和平圖書有限公司。

郭萬達，2018。〈促進澳門與深圳更緊密合作，助力「一帶一路」和粵港澳大灣區建設〉，澳門特別行政區政府政策研究室、澳門基金會、思路智庫主編《「一帶一路」與澳門發展》。澳門：社會科學文獻出版社。

陳守常，2017。〈澳門的角色；從歷史走向未來——從市集到平台到樞鈕的變遷〉，魏美昌編，《全球化與澳門－澳門在亞太和拉美之間的對外平台角色》。澳門，北京：澳門基金會，社會科學文獻出版社。

陳家慧，2017。〈發展知識經濟，強化澳門對外平台功能——構建中拉電子訊息交流平台〉，魏美昌編，《全球化與澳門－澳門在亞太和拉美之間的對外平台角色》。澳門，北京：澳門基金會，社會科學文獻出版社。

劉煒華、郝雨凡，2018。〈「一帶一路」－澳門經濟2.0版的發動機〉，澳門特別行政區政府政策研究室、澳門基金會、思路智庫主編《「一帶一路」與澳門發展》。

蕭志偉，2018。〈堅持開放思維助推「一帶一路」建設〉，澳門特別行政區政府政策研究室、澳門基金會、思路智庫主編《「一帶一路」與澳門發展》。澳門：社會科學文獻出版社。

肆、期刊論文

"China's Belt and Road Initiative", Transportation Research, No.117, 2018, pp. 1-4.

2011．〈澳門融入珠三角不可忽略的自身特色優勢〉，《澳門月刊》，第4期。

Flint, Colin, Zhu, Cuiping, 2018."The geopolitics of connectivity, co-operation, and hegemonic competition: The Belt and Road Initiative", Geoform, Vol. 55.

Li, Yongquan, 2018. "The greater Eurasian partnership and the Belt and Road Initiative: Can the two be linked?", Journal of Eurasian Studies, Vol. 9.

Swaine, Michael D.,2018. "Chinese Views and Commentary on the "One Belt, One Road" Initiative", China Leadership Monitor, No.47.

Zhai, Fan ,2018. "China's belt and road initiative: A preliminary quantitative assessment",Journal of Asian Economics, Vol. 55.

王文誠，2016。〈「一帶一路」大戰略：政治經濟地理學的分析〉，《公共事務評論》，第16卷1期。

王信賢、邱韋智，2015年。〈「一帶一路」：戰略意涵與內部資源爭奪〉，《戰略安全研析》，第118期。

王崑義，2016年秋季號。〈中國的國際戰略與一帶一路的形成〉，

《台灣國際研究季刊》，第12卷第3期。
江宇，劉小麗，2007年。〈港珠澳大橋建設對泛珠三角發展的社會經濟影響〉，《區域掃描》，第4期。
江迅，2015年5月。〈澳門多元轉型秘訣崔世安推動一帶一路新方向〉，《亞洲週刊》，第29卷第19期。
何振苓、何磊，2016年。〈「一帶一路」戰略中澳門發展的機遇、優勢與路徑〉，《國際經濟合作》，第10期。
吳子涵，2016年9月。〈「一帶一路」倡議與中國大陸參與全球治理之關聯初探〉，《經濟前瞻》。
宋雅琳，2016年。〈「一帶一路」視角下的澳門世界旅遊休閒中心建設〉，《澳門月刊》，第3期。
宋雅楠，2016年3月。〈「一帶一路」視角下的澳門世界旅遊休閒中心建設〉，《澳門月刊》，第230期。
李婧，〈人民幣國際化與「一帶一路」建設：公共產品提供的視角〉，《學海》，2016卷，第1期。
李嘉曾，2012年12月。〈粵澳合作、珠澳合作與穗澳合作比較研究〉，《「一國兩制」研究》，總第11期。
李嘉曾，2017年。〈澳門參與「一帶一路」戰略的方針與重點探討〉，《行政》，第30卷第1期。
李嘉曾，2017年11月。〈「微型經濟轉型背景下的勞動力需求與人才培養政策——以澳門為例〉，《澳門月刊》，第45卷第6期。
汪海，2008年，〈澳門：中國和拉丁語系國家的經貿合作平台〉，

《國際經濟合作》，第5期。

胡利琴，2016年4月。〈澳門在「一帶一路」戰略中的重要地位與發展對策思考〉，《社科縱橫》，第31卷第4期。

孫久文，潘鴻桂，2016年。〈「一帶一路」戰略定位與澳門的機遇〉，《現代管理科學》，第1期。

袁持平，劉洋，2015年1月，〈珠港澳合作的新載體、新機遇及演進路徑〉，《港珠澳研究》。

馬向明，陳洋，2017年。〈粵港澳大灣區：新階段與新挑戰〉，《熱帶地理》，第37卷第6期。

高勝文，2018年。〈「一帶一路」，澳門的機遇、優勢與發展策略〉，《行政》第31卷，總第121期。

梁淑敏，2017年。〈關於「一個平台」定位的幾點思考〉，《「一國兩制」研究》，第2期（總第32期）。

梁愛詩，2012年。〈「一國兩制」的理論和實踐〉，《「一國兩制」研究》，第1期。

莊金鋒，2011年。〈中葡論壇：「一國兩制」澳門模式的一大特色〉，《「一國兩制」研究》，第8期。

莊金鋒，2016年1月。〈放眼「一帶一路」戰略，發揮「一國兩制」優勢〉，《「一國兩制」研究》，總第27期。

莫大華，2016年12月。〈當前東亞戰略局勢的地緣觀察：以「一帶一路」為核心的思考〉，《政治學報》，第26期。

莫大華，2016年3月。〈新古典地緣政治理論的再起：以中共「一帶一路」地緣政治經濟戰略布局為例〉，《國防雜誌》，第31卷第1期。

郭永中，2011年。〈澳門建設中葡商貿合作平台的戰略思考〉，《理論學刊》，第10期。

陳志峰，梁俊傑，2017年。〈澳門專業人才引進歷史、現狀與改進〉，《港澳研究》，第2期。

陳建仲，2015年6月。〈解析中國大陸「一帶一路」戰略與前瞻〉《中共研究》，第49卷第6期。

陳思敏，2015年。〈「一帶一路」背景下澳門加快打造中葡平台的建議〉，《特區經濟》，第12期。

陳章喜，2017年。〈澳門世界旅遊休閒中心競爭力分析：理論與實證〉，《港澳研究》，第1期。

曾志敏，2015年5月。〈「一帶一路」大戰略及其給澳門帶來的新機遇〉，《澳門月刊》，第220期。

雁西，2016年5月。〈澳門經濟多元發展與人才建設〉，《九鼎月刊》，第103期。

黃曉慧，鄒開敏，2016年8月。〈「一帶一路」戰略背景下的粵港澳大灣區文商旅融合發展〉，《華南師範大學學報（社會科學版）》，第4期。

趙永祥、白宗名、吳依正，2016年9月。〈「一帶一路」對大陸經濟與台灣未來發展之影響〉，《華人經濟研究》，第14卷第2期。

趙永祥、吳依正，2015年12月。〈從亞投行與一帶一路看中國海外經濟版圖擴張與對台灣經濟發展之影響〉，《全球管理與經濟》，第11卷第2期。

趙釗，2015年5月。〈亞投行是「一帶一路」戰略的重要支柱〉，《國際融資》。

劉京蓮，2016年。〈澳門博彩旅遊業未來的出路〉，《「一國兩制」研究》，第1期（總第27期）。

潘鴻桂，2016年。〈「一帶一路」戰略定位與澳門的機遇〉，《現代管理科學》，第1期，頁28。

蔡志銓，〈中共推動「一帶一路」的戰略意涵〉，《國防雜誌》，第30卷，第6期。

鄧志新，2017年。〈粵港澳大灣區：珠三角發展的新引擎〉，《廣東經濟》，第5期。

盧幹西，2017年3月。〈澳門可成國人學習葡語的基地〉，《九鼎月刊》，總第113期。

盧鵬宇，2012年。〈基於經濟地理視角的港珠澳大橋建設意義分析〉，《廣東廣播電視大學學報》，第3期第21卷。

盧耀贛，2017年。〈澳門參與「一帶一路」芻議〉，《九鼎》，第117期。

謝四德，2012年。〈「一國兩制」優勢及其發揮〉，《「一國兩制」研究》，第3期。

謝四德，2016年。〈澳門融入國家「一帶一路」倡議的發展定位與思路〉，《亞太經濟》，第1期。

嚴飛，2013年。〈殖民管治香港的要義－評《管治香港》〉，《二十一世紀雙月刊》，總第137期。

顧相偉、莊金鋒，2016年。〈「一帶一路」助力澳門世界旅遊休閒中心建設〉，《「一國兩制」研究》，第3期（總第29期）。

顧相偉、莊金鋒，2016年7月。〈「一帶一路」助力澳門世界旅遊休閒中心建設〉，《「一國兩制」研究》，總第29期。

伍、研討會論文

王雲鵬，2016年6月。〈「一帶一路」視域下的澳門機遇探析〉，中國國家「十三五規劃」與澳門的可持續發展——紀念澳門基本法頒佈23週年學術研討會。澳門：基本法推廣協會。頁99－108。

何磊，2016年6月。〈「一帶一路」戰略中澳門發展的機遇、優勢與思路探討〉，中國國家「十三五規劃」與澳門的可持續發展——紀念澳門基本法頒佈23週年學術研討會。澳門：基本法推廣協會。頁73－79。

邵宗海、朱英嘉，2016年6月。《澳門在一帶一路中可扮演的角色：台灣角度的評估》，中國國家「十三五規劃」與澳門的可持續發展——紀念澳門基本法頒佈23週年學術研討會。澳門：基本法推廣協會。頁387－402。

陸、官方文件

中華人民共和國國家發展改革委員會員會、外交部、商務部，2015/3/28。〈中國各地方開放態勢〉，《推動共建絲綢之路經濟帶和21世紀海上絲綢之路的願景與行動》。

澳門特別行政區行政長官辦公室，2015/11/17。〈經濟財政範疇〉，《澳門特別行政區政府2016年財政年度施政報告》。

澳門特別行政區政府，2016/4。〈「一個平台」建設和區域合作邁向新階段〉，《澳門特別行政區五年發展規劃（2016－2020）》。

柒、報紙

〈一帶一路澳宜加強平台角色〉，《澳門日報》，2016 年2月22日，A03版。

鐵怡、樊越欣、岑慧琪，〈張德江：開創一國兩制新局面〉，《澳門日報》，2015 年10月14日。A03版。

2015 年12月5日。〈譚司：一帶一路機會無與倫比〉，《澳門日報》，B02版。

周漢民，〈「一帶一路」：澳門的機遇與角色〉，《澳門日報》，2016年7月13日，E6版。

魯言，〈「一帶一路」瀉鴻篇巨製中的澳門角色〉，《澳門日報》，2017年2月17日，A14版。

龔新，〈總結過去，規劃未來，推進合作共贏〉，《澳門日報》，2017年2月17日，A14版。

念思，〈借力「一帶一路」拓展區域合作〉，《澳門日報》，2017年2月21日，B6版。

無名，〈楊潔篪勉藉優勢參「一帶一路」〉，《澳門日報》，2017年3月8日，B1版。

魏丹，〈葡語國家成為「一帶一路」新走廊〉，《澳門日報》，2017年3月8日，E6版。

梓桐，〈澳青年應積極參與「一帶一路」〉，《澳門日報》，2017年3月13日，A2版。

樊越欣、吳惠珊、周月華，〈澳代表：「一帶一路」文產並行〉，《澳門日報》2017年3月13日，B1版。

捌、網路

〈「一帶一路」拖垮中國是否危言聳聽〉，《世界日報》，2017年6月19日，http://www.worldjournal.com/5027030/article-%E3%80%8C%E4%B8%80%E5%B8%B6%E4%B8%80%E8%B7%AF%E3%80%8D%E6%8B%96%E5%9E%AE%E4%B8%AD%E5%9C%8B-%E6%98%AF%E5%90%A6%E5%8D%B1%E8%A8%80%E8%81%B3%E8%81%BD%EF%BC%9F/。

〈「一帶一路」將帶來的產業機遇〉《商界招商網》，http://event.sj998.com/qushi/458116.shtml。

〈「一帶一路」點亮中國和葡語國家合作〉，《中國國務院新聞辦公室網站》，2016年10月10日，http://www.scio.gov.cn/ztk/wh/slxy/31199/Document/1493308/1493308.htm。

〈2018年1－12月中國與葡語國家進出口總額1473.54億美元〉，《中國－葡語國家經貿合作論壇（澳門）常設秘書處》，2019年1月30日，http://www.forumchinaplp.org.mo/trade-between-china-portuguese-speaking-countries-nearly-us147-4-bln-in-2018/?lang=tw。

〈72%學生：我是中國人〉，《澳門日報》，2017年6月6日，http://www.macaodaily.com/html/2017-06/06/content_1183893.htm。

〈一帶一路：國家級頂層戰略〉《百度百科》，https://baike.baidu.com/item/%E4%B8%80%E5%B8%A6%E4%B8%80%E8%B7%AF/13132427?fr=aladdin。

〈一帶一路〉《維基百科》，https://zh.wikipedia.org/wiki/%E4%B8%80%E5%B8%A6%E4%B8%80%E8%B7%AF#.E6.8F.90.E5.87.BA。

〈一帶一路務實前行，台灣遲早聯網〉，《工商時報》，2019年4月30日，https://www.chinatimes.com/newspapers/20190430000219-260202?chdtv。

〈丁爽：「一帶一路」可推動國際貿易中使用人民幣〉，《中國國務院新聞辦公室》，2016年2月4日，http://www.scio.gov.cn/ztk/wh/slxy/31215/Document/1468140/1468140.htm。

〈中共中央十三五規劃建議全文〉，《鳳凰資訊》，2015年11月3

日，http://news.ifeng.com/a/20151103/46094489_0.shtml。

〈中共中央關於制定十二五規劃的建議(全文)〉，《中國新聞網》，2010年12月19日，http://www.chinanews.com.cn/gn/2010/10-27/2617353.shtml。

〈中國「一帶一路」的風險和挑戰〉，《台灣民報》，2017年5月13日，http://www.peoplenews.tw/news/67be9b68-1ec6-450b-aa9e-0265f9509985。

〈中國將出資4百億美元成立絲路基金〉，《BBC中文網》，2014年11月8日，http://www.bbc.com/zhongwen/trad/world/2014/11/141108_china_silkroadfund。

〈中國將出資4百億美元成立絲路基金〉，《BBC中文網》，2014年11月8日，http://www.bbc.com/zhongwen/trad/world/2014/11/141108_china_silkroadfund。

〈中國－葡語國家經貿合作論壇〉《維基百科》，https://w.liuping.win/wiki/%E4%B8%AD%E5%9C%8B%EF%BC%8D%E8%91%A1%E8%AA%9E%E5%9C%8B%E5%AE%B6%E7%B6%93%E8%B2%BF%E5%90%88%E4%BD%9C%E8%AB%96%E5%A3%87#背景。

〈中國　葡語國家經貿合作論壇〉網頁，http://www.forumchinaplp.org.mo/boc-yuan-macau/?lang=tw。

〈中國與俄羅斯及中亞國家的能源合作〉，《能源新聞》，2009年10月21日，http://www.in-en.com/article/html/energy-485180.

shtml。

〈中國銀行澳門分行－採訪〉《Macauhub》，2016年10月9日，https://macauhub.com.mo/zh/feature/macao-can-enhance-its-role-as-a-financial-platform/。

〈中葡合作發展基金總部正式落戶澳門〉，《澳門特區政府新聞局》，2017年6月1日，https://www.gcs.gov.mo/showNews.php?PageLang=C&DataUcn=112321，

〈中葡合作發展基金總部落戶澳門〉，《新華網》，2017年6月1日，http://www.xinhuanet.com/gangao/2017-06/01/c_1121072032.htm。

〈中葡論壇第五屆部長級會議10月11日舉行〉，《新聞報－澳門新聞》，2016年，http://www.themacaonews.com/just_new/09057/。

〈巴西作為拉美大國願加入「一帶一路」各領域合作〉，《國際在線》，2017年5月15日，http://news.cri.cn/20170515/a211e102-efdb-8914-2f59-f5c4d348b9af.html。

〈王義桅：一帶一路塑造中歐命運共同體〉，《中國國務院新聞辦公室》，2015年12月22日，http://www.scio.gov.cn/zhzc/3/32765/Document/1459784/1459784.htm。

〈台灣澳門投資件數、金額落差大〉，《聯合報》，2019年6月8日，https://udn.com/news/story/7238/3860556。

〈打破「中介」角色，澳企走出去〉，《澳門月刊》，2018年9月15日，http://www.macaumonthly.net/yuekan/renwuzhuanfang/

2018-09-15/112886.html。

〈亞洲基礎設施投資銀行〉《維基百科》https://zh.wikipedia.org/wiki/%E4%BA%9A%E6%B4%B2%E5%9F%BA%E7%A1%80%E8%AE%BE%E6%96%BD%E6%8A%95%E8%B5%84%E9%93%B6%E8%A1%8C#。

〈周小川：「一帶一路」不是某個國家的獨角戲〉，《壹讀》，2017年5月11日，https://read01.com/QmxKg6.html。

〈林毅夫：一帶一路中國經濟的大事〉，《中國國務院新聞辦公室》，2016年1月29日，http://www.scio.gov.cn/ztk/wh/slxy/31215/Document/1466891/1466891.htm。

〈促進澳門經濟可持續發展：專家解析「十三五」為澳門帶來巨大機遇〉，《中國政府網》，2015年11月5日，http://www.gov.cn/zhengce/2015-11/05/content_2961046.htm。

〈政府高度重視培養葡語人才〉，《澳門新聞》，2016年，http://www.houkongdaily.com/20160611-A5-35957.html。

〈風評：台灣冷眼看「一帶一路」，機會？風險？〉，《風傳媒》，2017年5月16日，https://www.storm.mg/article/266769。

〈香港特區配合國家「十二五」規劃〉《香港特別行政政府－政制及內地事務局》，http://www.cmab.gov.hk/tc/issues/12th_5yrsplan.htm。

〈中國國台辦：廣大台灣業者在「一帶一路」建設中直接受益〉，《新頭殼》，2018年10月17日，https://newtalk.tw/news/view/

2018-10-17/153819。

〈專才激勵計劃〉，《澳門特別行政區政府人才發展委員會》，http://www.scdt.gov.mo/tag/%E5%B0%88%E6%89%8D%E6%BF%80%E5%8B%B5%E8%B3%87%E5%8A%A9%E8%A8%88%E5%8A%83/。

〈專家解讀"十三五"澳門機會〉，《新華社》，2015年11月11日，http://news.xinhuanet.com/gangao/2015　11/11/c_1117111947.htm。

〈專家解讀十三五澳門機會〉，《新華社》，2015年11月11日，http://news.xinhuanet.com/gangao/2015-11/11/c_1117111947.htm。

〈專家認為澳門在「一帶一路」戰略中有四優勢〉，《新華網》，2015年06月24日，http://www.xinhuanet.com/gangao/2015-06/24/c_1115713667.htm。

〈授權發佈：中共中央關於制定國民經濟和社會發展第十三個五年規劃的建議〉，《新華網》，2015年11月3日，http://news.xinhuanet.com/fortune/2015-11/03/c_1117027676_6.htm。

〈推進澳門「一國兩制」成功實踐走穩走實走遠〉，《中國共產黨新聞網》，2018年1月4日，http://theory.people.com.cn/BIG5/n1/2018/0104/c416126-29745985.html。

〈梁維特：一帶一路及自貿區提供澳門經濟發展新機遇〉，《中國與葡語國家經貿合作論壇常設秘書處輔助辦公室》，2015

年4月22日，http://www.forumchinaplp.org.mo/practical-results-achieved-in-boosting-fujian-macao-co-operation/?lang=tw。

〈深化粵港澳合作，推進大灣區建設框架協議〉，《澳門特別行政區政府》，

〈第三十屆葡語暑期課程現接受報名〉《澳門大學》，https://fah.umac.mo/news/news-portuguese/30th-portuguese-language-summer-programme-now-open-for-applications/。

〈習近平在布魯日歐洲學院的演講〉，《新華網》，2014年4月1日，http://news.xinhuanet.com/world/2014-04/01/c_1110054309_4.htm。

〈習推動粵港澳大灣區對台示範兩制〉，《世界日報》，2019年3月8日，https://www.worldjournal.com/6168040/article-%E7%BF%92%E6%8E%A8%E5%8B%95%E7%B2%B5%E6%B8%AF%E6%BE%B3%E5%A4%A7%E7%81%A3%E5%8D%80-%E5%B0%8D%E5%8F%B0%E7%A4%BA%E7%AF%84%E5%85%A9%E5%88%B6/。

〈賀定一：澳建旅管專才培訓基地〉《澳門日報》，A02，2018年2月24日http://www.macaodaily.com/html/2018-02/24/content_1246237.htm。

〈葡萄牙經濟部長卡布拉爾：葡萄牙將出席「一帶一路」國際合作高峰論壇〉，《人民網》，2017年3月28日，http://world.people.com.cn/n1/2017/0328/c1002-29174945.html。

〈葡萄牙願成為中國「一帶一路」連接歐洲的門戶〉，《人民網》，2016年11月2日，http://world.people.com.cn/n1/2016/1102/c1002-28828877.html。

〈精英培養計劃〉，《澳門特別行政區政府人才發展委員會》，http://www.scdt.gov.mo/tag/%E7%B2%BE%E8%8B%B1%E5%9F%B9%E9%A4%8A%E8%A8%88%E5%8A%83/。

〈盤點：習近平對「一帶一路」倡議的重要論述〉，《人民網》，2016年2月12日，http://world.people.com.cn/n1/2016/0212/c1002-28119992.html。

〈學者：賭收續減裁員潮起〉《澳門日報》，2008年9月22日，A10，https://www.google.com.tw/search?ei=rtkRXZ2gLdPAoATvl4ToAw&q=%E5%AD%B8%E8%80%85%EF%BC%9A%E8%B3%AD%E6%94%B6%E7%BA%8C%E6%B8%9B%E8%A3%81%E5%93%A1%E6%BD%AE%E8%B5%B7+%E6%BE%B3%E9%96%80%E6%97%A5%E5%A0%B1&oq=%E5%AD%B8%E8%80%85%EF%BC%9A%E8%B3%AD%E6%94%B6%E7%BA%8C%E6%B8%9B%E8%A3%81%E5%93%A1%E6%BD%AE%E8%B5%B7+%E6%BE%B3%E9%96%80%E6%97%A5%E5%A0%B1&gs_l=psy-ab.3...1133.1623..2020...0.0..0.66.189.3......0....1..gws-wiz.UccB-5IJSX0。

〈學聯倡利用好「一帶一路」機遇〉，http://aecm.org.mo/%E3%80

%90%E6%96%B0%E8%81%9E%E3%80%91%E5%AD%B8%E8%81%AF%E5%80%A1%E5%88%A9%E7%94%A8%E5%A5%BD%E3%80%8C%E4%B8%80%E5%B8%B6%E4%B8%80%E8%B7%AF%E3%80%8D%E6%A9%9F%E9%81%87/。

〈澳門2016中期人口統計詳細結果〉《澳門統計暨普查局》，http://www.dsec.gov.mo/getAttachment/bfa0112a-eaf3-49a9-9168-b5add46e9d65/C_IC EN_PUB_2016_Y.aspx。

〈澳門中長期人才培養計劃－五年行動方案〉，《澳門特別行政區政府》，2018/1/4https://www.scdt.gov.mo/pdf/talents_5yr_plan_intro_21122017.pdf。

〈澳門將全力參與一帶一路建設〉，《人民網》，2015年3月29日，http://military.people.com.cn/BIG5/n/2015/0329/c172467-26765545.html。

〈澳門落實「一國兩制」較順暢香港應借鑒〉，《文匯快訊》，2016年11月21日，http://news.wenweipo.com/2016/11/21/IN1611210020.htm。

〈積極樹立亞洲安全觀共創安全合作新局面〉，《新華網》，2014年5月21日，http://news.xinhuanet.com/world/2014-05/21/c_126528981.htm。

〈韓慶祥：圍繞一帶一路全面解讀習近平總書記外交戰略〉，《中國國務院新聞辦公室》，2016年2月17日，http://www.scio.gov.cn/ztk/wh/slxy/31215/Document/1468705/1468705.htm。

《一帶一路網（亞投行）》，https://www.yidaiyilu.gov.cn/info/iList.jsp?tm_id=126&cat_id=10030&info_id=958。

《中國一帶一路網》，https://www.yidaiyilu.gov.cn/info/iList.jsp?tm_id=540。

《中國－葡語國家經貿合作論壇(澳門)常設秘書處》，http://www.forumchinaplp.org.mo/about-us/mission-and-objectives/?lang=tw。

《中國－葡語國家經貿合作論壇（澳門）常設秘書處》，http://www.forumchinaplp.org.mo/about-us/mission-and-objectives/?lang=tw。

《珠江三角洲地區改革發展規劃綱要（2008－2020年）》，https://www.economia.gov.mo/zh_TW/web/public/pg_eetr_prd_rd?_refresh=true。

《統計普查局統計數據庫》，https://www.dsec.gov.mo/TimeSeriesDatabase.aspx。

《智庫百科》，http://wiki.mbalib.com/zh-tw/一帶一路。

《絲路基金有限責任公司》，http://www.silkroadfund.com.cn/。

《新華網》，2015年3月29日，http://www.xinhuanet.com/world/2015-03/29/c_127632204.htm。

《粵港澳大灣區發展綱要》，2019年3月1日，https://www.bayarea.gov.hk/filemanager/tc/share/pdf/Outline_Development_Plan.pdf。

《澳門統計暨普查局》，http://www.dsec.gov.mo/Statistic.aspx?NodeGuid=251baebb-6e5b-4452-8ad1-7768eafc99ed。

人才發展委員會，http://www.scdt.gov.mo/。

中國與葡語國家經貿合作論壇（澳門）常設秘書處，http://www.forumchinaplp.org.mo/?lang=tw。

尹章華、黃信瑜，〈一帶一路台灣參與及爭議處理之探討〉，《台灣法律網》http://www.lawtw.com/article.php?template=article_content&area=free_browse&parent_path=,1,4,&job_id=248932&article_category_id=16&article_id=156500。

王義桅，〈一帶一路的國際話語權探析〉，《壹讀》，2016年5月14日，https://read01.com/PgEPEM.html。

王麗穎，〈亞投行路線圖猜想〉，《人民網》，2014年11月24日，http://paper.people.com.cn/gjjrb/html/2014-11/24/content_1501990.htm。

安棟樑，乘勢發展的澳門旅遊業，https://www.macaudata.com/macaubook/book276/html/0262001.htm。

朱小雪、劉少華，〈一帶一路：台灣融入的機遇、挑戰及對策〉，《中國高校人文社會科學資訊網》，頁3，https://www.sinoss.net/uploadfile/2017/0222/20170222095502958.pdf。

江迅，駱丹，〈小身材大能量－澳門凝聚的葡語國家〉，《灼見名家》，，2017年6月5日https://www.master-insight.com/%E5%B0%8F%E8%BA%AB%E6%9D%90%E5%A4%A7%E8%83%BD%E9%87%8F-%E6%BE%B3%E9%96%80%E5%87%9D%E8%81%9A%E7%9A%84%E8%91%A1%E8%AA%9E%E5%9C%8B%E5%AE%B6/。

杜尚澤、劉慧，〈中國印尼關係提升為全面戰略夥伴關係〉，《人民網》，2013年10月3日，https://web.archive.org/web/20150510235247if_/http://paper.people.com.cn/rmrb/html/2013-10/03/nw.D110000renmrb_20131003_2-01.htm。

汪芳洲，〈「一帶一路」：台灣的機遇、挑戰與舉措〉，《新華澳報》，2017年8月5日，http://www.waou.com.mo/news_h/shownews.php?lang=cn&id=22308。

沈王一、謝磊，2016年11月9日。〈「一帶一路」建設進展報告〉，《中國共產黨新聞網》，http://theory.people.com.cn/BIG5/n1/2016/1109/c83865-28847339-2.html。

紀明葵，〈「五個之路」為「一帶一路」建設指明方向〉，《中國網》，2017年5月17日，http://www.china.com.cn/news/2017-05/17/content_40832005.htm。

紀春禮，曾忠祿，2015，〈微型經濟體產業多元化與經濟增長：基於澳門地區數據的實證分析〉，《國際商務－對外經濟貿易大學學報》，第2期，http://b.38zhubao.net:91/KCMS/detail/detail.aspx?QueryID=1&CurRec=9&recid=&filename=DWMY201502010&dbname=CJFDLAST2015&dbcode=CJFQ&yx=&pr=&URLID=&forcenew=no。

香港貿發局（一帶一路簡要），https://beltandroad.hktdc.com/tc/belt-and-road-basics。

荊柏鈞，〈當美中積極競逐區域經濟與戰略影響力時，東南亞各國該如何回應？〉，《關鍵評論》，2019年5月2日，https://www.thenewslens.com/article/118088。

常雪梅、程宏毅，2013年10月3日。〈共同建設二十一世紀「海上絲綢之路」〉，《中國共產黨新聞網》，http://cpc.people.com.cn/xuexi/n/2015/0721/c397563-27338109.html。

常雪梅、程宏毅，2013年9月7日。〈共同建設「絲綢之路經濟帶」〉，《中國共產黨新聞網》，http://cpc.people.com.cn/xuexi/n/2015/0721/c397563-27338105.html。

習近平，《弘揚絲路精神，深化中阿合作》《新華網》，2014年6月5日。https://www.gce.gov.mo/bayarea/main.aspx?l=cn。

陳恩，黃桂良，2012年1月，〈澳門產業結構與產業適度多元化路徑探討〉，《產經評論》，http://b.38zhubao.net:91/KCMS/detail/detail.aspx?QueryID=1&CurRec=12&recid=&filename=TQYG201201011&dbname=CJFD2012&dbcode=CJFQ&yx=&pr=&URLID=&forcenew=no。

博言，〈本澳配合「一帶一路」戰略利於經濟適度多元發展，《新華澳報》，2015年3月26日，http://waou.com.mo/detail.asp?id=86632。

劉佳音，〈啥時候開始有了「絲綢之路」的概念？〉，《新華絲路》，2017年10月31日，http://silkroad.news.cn/2017/1031/66884.shtml。

劉國奮，〈大陸一帶一路倡議與台灣新南向政策之比較分析〉，

《台灣中評網》，2018年5月5日，http://www.crntt.tw/doc/1050/2/9/6/105029624.html?coluid=7&kindid=0&docid=105029624&mdate=0528135821。

劉夢，〈2018「一帶一路」大事記：共建「一帶一路」發生了這些重大變化〉，《中國一帶一路網》，2019年1月9日，https://www.yidaiyilu.gov.cn/xwzx/gnxw/76799.htm。

澳門旅遊學院https://www.ift.edu.mo/zh-cht/teaching-learning/global-centre-for-tourism-education-and-training。

澳門特別行政區政府，2016年9月。〈澳門特別行政區五年發展規劃（（2016年－2020年）〉，https://www.cccmtl.gov.mo/files/plano_quinquenal_cn.pdf。

澳門高等教育局，https://www.dses.gov.mo。

澳門高等教育輔助辦公室，〈關於陳明金議員書面質詢的答覆〉，第1145/E897/V/GPAL/2016號，2016年12月23日，http://www.al.gov.mo/uploads/attachment/2017-03/8280358c28aaed733b.pdf。

澳門理工學院，http://www.ipm.edu.mo/zh/index.php。

澳門貿易投資促進局，https://www.ipim.gov.mo/zh-hant/。

澳門與葡語國家的關係https://www.ipim.gov.mo/zh-hant/market-information/portuguese-speaking-countries/the-relationship-between-macao-and-portuguese-speaking-countries/。

謝長杉，〈發改委何立峰：「一帶一路」進展成果遠超預期〉，

《新浪財經》，http://finance.sina.com.cn/meeting/2018-09-19/doc-ifxeuwwr5999660.shtml。

魏少璞，〈王毅：規則和法治是「一帶一路」走向世界的通行證〉，2018年7月2日，《環球網》，http://world.huanqiu.com/exclusive/2018-07/12398265.html。

關鋒，謝漢光，2016年，〈「一帶一路」與澳門的發展機遇〉，《港澳研究》，第2期，http://b.38zhubao.net:91/KCMS/detail/detail.aspx?QueryID=2&CurRec=4&recid=&filename=YJGA201602008&dbname=CJFDLAST2016&dbcode=CJFQ&yx=&pr=&URLID=&forcenew=no。

關鋒、謝漢光，2016年8月11日。〈「一帶一路」與澳門的發展機遇〉，《新華澳報》，http://www.waou.com.mo/news_i/shownews.php?lang=cn&id=12908。

蘭辛珍，〈一國兩制為何在港澳出現不同形勢〉，《北京周報網》，2014年12月22日，http://www.beijingreview.com.cn/2009news/tegao/2014-12/22/content_659963.htm。

新座標30　PF0267

新銳文創
INDEPENDENT & UNIQUE

從一帶一路戰略發展看澳門在兩岸關係的新機遇

作　　者　董致麟
責任編輯　杜國維
圖文排版　陳怡蕙
封面設計　劉肇昇

出版策劃　新銳文創
發 行 人　宋政坤
法律顧問　毛國樑　律師
製作發行　秀威資訊科技股份有限公司
114 台北市內湖區瑞光路76巷65號1樓
電話：+886-2-2796-3638　傳真：+886-2-2796-1377
服務信箱：service@showwe.com.tw
http://www.showwe.com.tw
郵政劃撥　19563868　戶名：秀威資訊科技股份有限公司
展售門市　國家書店【松江門市】
104 台北市中山區松江路209號1樓
電話：+886-2-2518-0207　傳真：+886-2-2518-0778
網路訂購　秀威網路書店：https://store.showwe.tw
國家網路書店：https://www.govbooks.com.tw

出版日期　2020年3月　BOD一版
定　　價　260元

國家圖書館出版品預行編目

從一帶一路戰略發展看澳門在兩岸關係的新機遇 / 董致麟著. -- 一版. -- 臺北市 : 新銳文創, 2020.03

面 ;　公分. -- (新.座標 ; 30)

BOD版

ISBN 978-957-8924-90-1(平裝)

1. 區域經濟 2. 經濟合作 3. 兩岸關係 4. 澳門特別行政區

553.16　　109002049

讀者回函卡

感謝您購買本書，為提升服務品質，請填妥以下資料，將讀者回函卡直接寄回或傳真本公司，收到您的寶貴意見後，我們會收藏記錄及檢討，謝謝！

如您需要了解本公司最新出版書目、購書優惠或企劃活動，歡迎您上網查詢或下載相關資料：http:// www.showwe.com.tw

您購買的書名：________________________________

出生日期：________年________月________日

學歷：□高中（含）以下　□大專　□研究所（含）以上

職業：□製造業　□金融業　□資訊業　□軍警　□傳播業　□自由業

□服務業　□公務員　□教職　□學生　□家管　□其它______

購書地點：□網路書店　□實體書店　□書展　□郵購　□贈閱　□其他

您從何得知本書的消息？

□網路書店　□實體書店　□網路搜尋　□電子報　□書訊　□雜誌

□傳播媒體　□親友推薦　□網站推薦　□部落格　□其他__________

您對本書的評價：（請填代號　1.非常滿意　2.滿意　3.尚可　4.再改進）

封面設計____　版面編排____　內容____　文／譯筆____　價格____

讀完書後您覺得：

□很有收穫　□有收穫　□收穫不多　□沒收穫

對我們的建議：________________________________

____

____

____

請貼
郵票

11466
台北市內湖區瑞光路 76 巷 65 號 1 樓
秀威資訊科技股份有限公司 收
BOD 數位出版事業部

（請沿線對折寄回，謝謝！）

姓　　名：________________　年齡：________　性別：□女　□男

郵遞區號：□□□□□

地　　址：____

聯絡電話：(日)________________　(夜)________________

E-mail：____